RÉCLAMATIONS

CONTRE LES

CONTRIBUTIONS DIRECTES

PAR

Aimé IRBALD

PRIX : CINQUANTE CENTIMES

PARIS
ENCYCLOPÉDIE-RORET
L. MULO, LIBRAIRE-ÉDITEUR
12, RUE HAUTEFEUILLE, VIe

ENCYCLOPÉDIE-RORET

RÉCLAMATIONS

CONTRE LES

CONTRIBUTIONS DIRECTES

EN VENTE A LA MÊME LIBRAIRIE

Manuel du Cordier, contenant la culture des Plantes textiles, l'extraction de la Filasse, et la fabrication de toutes sortes de cordes et câbles, par G. Laurent, ingénieur des Arts et Manufactures. 1 volume orné de 115 figures. 3 fr. 50

— **Automobiles** (De la construction et du montage des), contenant l'historique, l'étude détaillée des pièces constituant les automobiles, la construction des voitures à pétrole, à vapeur et électriques, les renseignements sur leur montage et leur conduite, par N. Chryssochoïdès, ingénieur des Arts et Manufactures, professeur à la Fédération générale française des Chauffeurs, Mécaniciens, Electriciens. 2 vol. ornés de 340 figures dans le texte. 8 fr.

— **Cubage des Bois** en grume ou écorcés au 1/4 et au 1/5 réduits, de 1m à 10m90 de longueur inclus, et de 0m40 à 4m de circonférence inclus; donnant tous les cubes par fraction de 0m10 en 0m10 pour la longueur et de 0m05 en 0m05 pour la circonférence, et permettant d'obtenir les cubes de toutes longueurs, par G. Haudebert, ancien marchand de bois à Vendôme. 1 vol. 1 fr. 25

— **Fondeur,** traitant de la Fonderie du fer, de l'acier, du cuivre, du bronze et du laiton, de la fonte des statues, des cloches, etc., par A. Gillot et L. Lockert, ingénieurs. Nouvelle édition revue, corrigée et augmentée par N. Chryssochoïdès, ingénieur des Arts et Manufactures. 2 vol. ornés de 253 figures dans le texte. 8 fr.

— **Gardes Champêtres, Gardes Forestiers, Gardes-Pêche et Gardes-Chasse**. par Boyard, ancien président à la Cour d'Orléans, Vasserot, ancien sous-préfet, V. Emion et L. Crevat, juges de paix. 1 vol. 2 fr. 50

— **Potier d'Etain** et de la fabrication des **Poids et Mesures**, contenant la fabrication de la poterie d'Etain, Etains d'art; poids et mesures de tous genres, balances, bascules, alcoomètres. Nouvelle édition par G. Laurent, ingénieur des Arts et Manufactures. 1 vol. orné de 227 figures dans le texte. 4 fr.

— **Vélocipédie** (de), Locomotion, Vélocipèdes, Construction, etc., par Louis Lockert, ingénieur diplômé de l'Ecole centrale. 1 vol. orné de 58 fig. dans le texte. Terminé par l'art de monter à Bicyclette, par Rivierre. 1 fr. 50

MANUELS-RORET

NOUVEAU MANUEL COMPLET DES RÉCLAMATIONS CONTRE LES CONTRIBUTIONS DIRECTES

PAR

Aimé IRBALD

PARIS
ENCYCLOPÉDIE-RORET
L. MULO, LIBRAIRE-ÉDITEUR
12, RUE HAUTEFEUILLE, VIe
1912

AVIS

Le mérite des ouvrages de l'**Encyclopédie-Roret** leur a valu les honneurs de la traduction, de l'imitation et de la contrefaçon. Pour distinguer ce volume, il porte la signature de l'Éditeur, qui se réserve le droit de le faire traduire dans toutes les langues, et de poursuivre, en vertu des lois, décrets et traités internationaux, toutes contrefaçons et toutes traductions faites au mépris de ses droits.

Roret

NOUVEAU MANUEL COMPLET

DES

RÉCLAMATIONS

CONTRE LES

CONTRIBUTIONS DIRECTES

PREMIÈRE PARTIE

CONDITIONS D'IMPOSITION OU DE NON-IMPOSITION

CHAPITRE PREMIER

Personnelle

SOMMAIRE. — I. La Personnelle. — II. Quand est-elle due ? — III. Où est-elle due ? — IV. Quelques non-imposables. — V. Quelques imposables. — VI. Effets des changements de résidence.

I. LA PERSONNELLE

La Personnelle est l'impôt qui touche le contribuable pour sa personne même.

II. QUAND EST-ELLE DUE ?

Elle est due à tout âge, du moment où l'on peut vivre avec ses ressources personnelles.

III. OÙ EST-ELLE DUE ?

Elle n'est due que dans la commune où le contribuable a son domicile réel ou bien où il a fait élection de domicile.

IV. QUELQUES NON-IMPOSABLES

Les domestiques des deux sexes, à gages, nourris et logés chez leurs maîtres et exclusivement employés au service de la personne, du ménage ou de l'exploitation rurale. — Les enfants ou autres membres de la famille des agriculteurs dont le concours est indispensable pour l'exploitation rurale, à moins qu'ils ne soient mariés, qu'ils n'aient des revenus personnels ou une exploitation distincte de celle de leurs père et mère. — Les individus prouvés indigents.

V. QUELQUES IMPOSABLES

Les étrangers qui habitent en France. — Les enfants majeurs ou mineurs habitant avec leurs père et mère, mais qui ont des moyens personnels suffisants d'existence. — Les précepteurs, dames de compagnie, concierges, gardes particuliers, bien que nourris et logés par leurs maîtres : ce ne sont pas vraiment des domestiques. — Les commis-voyageurs, dans la commune où ils reviennent le plus souvent loger à l'hôtel.

VI. EFFETS DES CHANGEMENTS DE RÉSIDENCE

Comme ce sont les mêmes que pour la Mobilière, voir à la fin du chapitre traitant de la Mobilière.

CHAPITRE II

Mobilière

Sommaire. — I. La Mobilière. — II. Où et quand est-elle due? — III. Locaux imposables. — IV. Locaux non-imposables. — V. Des habitants de garnis. — VI. Effets des changements de résidence.

I. LA MOBILIÈRE

La Mobilière est basée sur la valeur locative de toute habitation.

II. OÙ ET QUAND EST-ELLE DUE?

Elle est due dans toutes les communes où l'on a une habitation meublée.

III. LOCAUX IMPOSABLES

Sont imposables toutes les parties de bâtiments qui sont consacrées à l'habitation personnelle ou qui en forment une dépendance.

Exemple: les ateliers particuliers d'artistes, même quand ils sont tout à fait séparés de l'habitation même; — les remises, écuries, hangars, sauf quand ils servent spécialement à l'agriculture.

IV. LOCAUX NON-IMPOSABLES

Ne sont pas imposables les parties des bâtiments qui ne sont pas utilisées pour l'habitation personnelle ou qui n'en forment pas une dépendance.

Exemple : les bâtiments ruraux des cultivateurs.

V. CAS DES HABITANTS DE GARNIS

Ils doivent la Mobilière à raison de la valeur locative de leur logement estimé, à ce point de vue, sans tenir compte de la plus-value donnée par les meubles. Ils ne peuvent d'ailleurs être imposés que s'ils habitent la chambre garnie d'une façon permanente qui permet de les faire considérer comme habitants de la commune.

VI. EFFETS DES CHANGEMENTS DE RÉSIDENCE

La Mobilière imposée, à bon droit, à votre nom, au 1er janvier, est due par vous pour l'année entière :

Donc : si vous déménagez d'un lieu entre le 1er janvier et le 31 décembre, vous ne pouvez pas obtenir la décharge de droit, pour cette année, de votre Mobilière (1).

---

(1) Mais vous pouvez, avant de payer vos impôts, et si votre situation est nécessiteuse, faire une demande en modération ou remise d'impôt (dégrèvement gracieux et non de droit).

Pour l'année suivante, il faut veiller aux deux cas suivants :

1° Ou vous déménagez *avant* la date du travail des mutations (1), et alors vous avez droit à obtenir décharge de votre Personnelle-Mobilière dans votre ancien lieu de résidence, sans avoir même à prouver que vous êtes imposé dans votre nouveau lieu de résidence ; cela, sur réclamation écrite, bien entendu, si, par suite de quelque erreur matérielle, l'Administration des Contributions directes vous avertissait que vous avez encore à payer dans votre ancien lieu de résidence.

2° Ou bien vous déménagez *pendant* ou *après* le travail des mutations. L'Administration ignore ce changement : aussi, elle vous inscrira pour l'année suivante sur le rôle de votre ancienne résidence et non de votre nouvelle. Pour éviter cela, il vous faut :

a) Ou, avant le 1er janvier, aller demander à l'Administration de vous inscrire sur le rôle de votre nouvelle résidence ;

b) Ou réclamer cette inscription par écrit, et selon les règles, au Conseil de Préfecture, après que vous avez reçu la feuille blanche d'avertissement.

---

(1) *Travail des mutations.* — Chaque année, autour du 1er mai, à une date plus précise d'ailleurs portée à la connaissance publique par les voies de publication administrative ordinaires, les contrôleurs des Contributions directes font une tournée dans les communes pour relever les changements survenus dans la matière imposable, et pour préparer ainsi la confection du rôle de l'année suivante.

Nota. — Il se pourra qu'après avoir dûment réclamé, votre percepteur vous invite et vous oblige à payer l'imposition même contre laquelle vous réclamez. C'est normal. Le percepteur n'a pas à attendre pour recouvrer les impôts dont il est comptable, que le Conseil de Préfecture ait jugé votre réclamation. — Mais la somme que vous aurez payée vous sera remboursée ou déduite de vos impôts à venir, si le Conseil de Préfecture juge que votre demande en décharge est bien fondée.

CHAPITRE III

Foncière

SOMMAIRE. — I. La Foncière. — II. Le revenu net. — III. Ce que comprend le non-bâti. — IV. Ce que comprend le bâti. — V. Baux anormaux. — VI. Exemptions temporaires ou permanentes. — VII. Dégrèvement des cotes de 25 francs et au-dessous.

I. LA FONCIÈRE

L'impôt foncier est basé sur le revenu net des propriétés bâties et non-bâties.

Où est-elle due ? — Elle est due dans la commune où est située la propriété.

II. LE REVENU NET

1° Pour *les propriétés non-bâties*, le revenu net est le revenu brut, année moyenne calculée sur quinze ans de production, moins les frais de culture, semence, récolte, entretien, pour les terres labourables, les jardins potagers, par exemple. — Pour les vignes, on déduit encore un quinzième en considération des frais de dépérissement annuel. — Quant aux bois, leur revenu net est apprécié d'après leur valeur réelle, sans égard au mode de leur exploitation.

2° Pour les *propriétés bâties*, leur revenu net est leur valeur locative moins 25 0/0 pour les maisons d'habitation et 40 0/0 pour les usines, en considération du dépérissement, des frais d'entretien et de réparation (1).

III. CE QUE COMPREND LE NON-BATI

On entend par propriétés non-bâties tous les terrains non couverts d'ouvrages construits par les mains de l'homme. Exceptionnellement, les bâtiments ruraux servant à une exploitation agricole, sont considérés comme propriétés non-bâties.

IV. CE QUE COMPREND LE BATI

Il comprend les maisons d'habitation, les usines, les terrains à destination industrielle.

Toute propriété bâtie comprend : le sol et l'élévation. Le sol est évalué comme les meilleures terres labourables de la commune ; l'élévation est estimée d'après la valeur locative, déduction faite de l'estimation du sol.

Quelques propriétés bâties. — Un bâtiment en planches, mais sur fondations. — Des serres fixées au sol à perpétuelle demeure. — Un hangar clos et fixé au sol à perpétuelle demeure, etc.

V. BAUX ANORMAUX

Si un bail impose à un propriétaire des charges exceptionnelles, l'Administration peut n'en pas

(1) Voir à : Renseignements annexes, les responsabilités des propriétaires à l'égard des impôts de leurs locataires.

tenir compte et procéder à l'évaluation de la valeur locative par évaluation directe ou par comparaison.

De même, si le bail fixe le loyer à un chiffre trop faible.

Quelques cas. — Lorsqu'une maison louée à un locataire principal fait l'objet de plusieurs sous-locations, sa valeur locative imposable est celle qui résulte de l'ensemble des locations consenties aux sous-locataires.

Si un propriétaire prend à sa charge des dépenses qui constituent des charges locatives, telles que frais de ramonage, de concession d'eau, il est fondé à demander que ces frais soient déduits de la valeur locative de son immeuble.

L'Administration tient compte, dans l'évaluation de la valeur locative, des réparations faites par un locataire et qui donnent à la maison une plus-value, etc.

VI. EXEMPTIONS

Permanentes

Sont exemptés d'une façon permanente de la contribution foncière : le domaine public, — les immeubles appartenant à des établissements publics et non productifs de revenus, — les bâtiments ruraux qui ne sont imposables que pour leur sol.

Temporaires

1° Propriétés non-bâties

Marais desséchés. — L'imposition des marais desséchés par leurs propriétaires n'est pas augmentée pendant les vingt-cinq années qui suivent le desséchement.

Si, avant leur desséchement, les marais n'étaient pas imposés, ils seront imposés, après, suivant la valeur qu'ils avaient avant le desséchement, et cela pendant vingt-cinq ans.

Plantations. — Les semis et plantations de bois sont exemptés de tout impôt pendant trente ans.

Les terres vaines et vagues ou en friches depuis 15 ans, qui sont plantées en vignes, mûriers ou autres arbres fruitiers, n'ont pas leur imposition augmentée pendant les 20 premières années de la plantation.

Les terres déjà en valeur que l'on change en vignobles ou vergers, sont évaluées pendant 15 ans de même que les terres non plantées.

2° Propriétés bâties

Démolitions. — Les bâtiments en démolition cessent d'être imposés à partir de l'ouverture des travaux de démolition, mais cela, sur réclamation.

Constructions nouvelles. — Les maisons d'habitation, les fabriques et manufactures, forges, moulins, usines, nouvellement construits, ne sont soumis à l'imposition que la troisième année après leur construction.

(Une construction est achevée quand elle est en état de produire un revenu).

Vacances. Chômage. — Pour pouvoir réclamer, en ce cas, il faut que la vacance ou le chômage ait eu une durée supérieure à un an et ne dépende pas de la volonté du propriétaire (1).

Habitations à bon marché. — En leur faveur, l'exemption est de cinq ans.

NOTA. — Pour les portes et fenêtres, on peut réclamer sitôt après un *chômage de trois mois.*

VII. DÉGRÈVEMENT DES COTES FONCIÈRES DE 25 FRANCS ET AU-DESSOUS

Voici l'article 1er de la loi du 21 juillet 1897 :

« Les remises suivantes seront accordées sur la contribution foncière des propriétés *non-bâties (part de l'Etat) :*

Cotes de 10 francs et au-dessous (uniques ou totalisées), *remise totale ;* — cotes de 10 fr. 01 à 15 francs (uniques ou totalisées), *remise des trois quarts ;* — cotes de 15 fr. 01 à 20 francs (uniques ou totalisées), *remise de moitié ;* — cotes de 20 fr. 01 à 25 francs (uniques ou totalisées), *remise d'un quart.*

Ces remises sont accordées aux contribuables français qui en font la demande en affirmant :

1° Qu'ils ne sont pas inscrits aux rôles de ladite contribution pour d'autres cotes ; 2° que la part revenant à l'Etat sur la contribution personnelle-mobilière à laquelle ils sont assujettis dans leurs diverses résidences ne dépasse pas 20 francs.

---

(1) On ne peut réclamer pour une vacance de trois mois qu'autant qu'on a déjà obtenu une remise pour une vacance ou un chômage d'un an. Cela ne vaut que pour le foncier. — Voir, plus haut, le *nota.*

Sanction. — Quiconque aura sciemment, au moyen d'une fausse déclaration, obtenu ou tenté d'obtenir une remise totale ou partielle de la foncière, sera passible d'une amende de 100 à 200 francs (le double en cas de récidive).

CHAPITRE IV

Portes et Fenêtres

Sommaire. — I. Ouvertures imposables. — II. Ouvertures non-imposables. — III. Industries ou manufactures. — IV. Tarif d'imposition. — V. Exemptions diverses.

L'impôt des portes et fenêtres ne frappe pas toutes les portes et fenêtres.

I. OUVERTURES IMPOSABLES

Sont imposables, quelle que soit leur forme ou leur dimension, toutes les fenêtres extérieures sur cours, rues ou jardins et servant à éclairer ou aérer des locaux habitables ou utilisés pour le commerce ou l'industrie, et quelle que soit leur façon de clôture ; toutes les portes donnant accès à une habitation.

II. OUVERTURES NON-IMPOSABLES

Ne sont pas imposables les ouvertures non closes et les ouvertures intérieures ; — les ouvertures des manufactures : — les ouvertures des bâtiments affectés à un service public, sauf pour les parties habitées par des fonctionnaires et dont ces fonctionnaires sont contribuables, etc.

III. INDUSTRIES OU MANUFACTURES

Le Conseil de Préfecture statue sur la question de savoir si tel local dont l'impôt des portes et fenêtres est en litige, est local d'industrie ou de manufacture.

On peut dire, en général, qu'une manufacture est tout lieu de travail, où sont, et réunis, et en très grand nombre, des ouvriers pour un travail surtout manuel.

IV. TARIF D'IMPOSITION

Le consulter à la suite de la loi de 1832 (1).

V. EXEMPTIONS DIVERSES

Pour les portes et fenêtres, l'Administration accorde les exemptions temporaires correspondant à celles accordées pour la contribution foncière (sauf pour le cas des constructions nouvelles) (2).

Constructions nouvelles

Elles sont imposables pour leurs portes et fenêtres dès le 1er janvier qui suit leur achèvement.

---

(1) Voir dans les recueils ou dictionnaires Dalloz (que l'on trouve souvent aux bibliothèques municipales), ou Carpentier, dans la Collection des *Journaux Officiels*.

(2) Ne pas oublier que l'on peut réclamer pour *portes et fenêtres* dans le cas d'une vacance ou d'un chômage de *trois mois*, tandis que, *la première fois* pour le *foncier*, il faut que le chômage ou la vacance ait au moins *un an* (Voir, d'ailleurs, fin du chapitre sur la Foncière).

Cas des logements insalubres

Les ouvertures pratiquées par mesure de police pour assainir un logement insalubre sont exemptées d'impôt pendant 3 ans.

Nota. — Dans de grandes villes comme Paris, Lyon, Bordeaux, le tarif d'imposition tient compte, en même temps que du nombre et de la qualité des ouvertures, de la valeur locative de l'immeuble qui les a.

CHAPITRE V

Patentes

SOMMAIRE. — I. Le droit fixe. — II. Le droit proportionnel.
III. Demande de transfert.

Les patentes frappent tout individu, français ou étranger, qui exerce en France une industrie, un commerce ou certaine profession.

Elles comprennent deux droits : le fixe et le proportionnel.

I. LE DROIT FIXE

Le droit fixe est imposé sur telle industrie ou profession, pour le fait même qu'elle est cette industrie, cette profession.

Il est réglé conformément aux tableaux A, B, C annexés aux lois sur les patentes (1).

NOTA. — Les commerces, industries ou professions qui ne se trouveraient pas nommés dans ces tableaux n'en sont pas moins assujettis aux patentes. — Ils y sont imposés par analogie.

Où et comment est dû le droit fixe ?

Il est dû pour chaque établissement de même espèce ou d'espèces différentes, quel que soit son tableau, en raison du commerce.

(1) Consulter, par exemple, l'édition des *Lois sur les Patentes*, faite par l'Imprimerie nationale, Paris, 1905, ou

Et il est dû dans la commune où est situé l'établissement.

Quelques cas

La personne qui exploite un établissement industriel, mais qui n'y effectue pas la vente de ses produits, est exempte du droit fixe pour le magasin séparé dans lequel sont vendus, exclusivement en gros, les seuls produits de sa fabrication.

Si cette vente a lieu dans plusieurs magasins, cette exemption n'est applicable qu'au magasin le plus rapproché du centre de l'établissement de fabrication.

Dans les établissements où le droit fixe est réglé d'après le nombre des ouvriers, les ouvriers au-dessous de seize ans ou au-dessus de soixante-cinq ans ne sont comptés que pour la moitié de leur nombre.

Dans les usines fonctionnant exclusivement à l'aide de moteurs hydrauliques, le droit fixe est réduit de moitié pour ceux des éléments de cotisation qui, par manque ou par crue d'eau, sont périodiquement forcés de chômer pendant au moins quatre mois de l'année.

II. LE DROIT PROPORTIONNEL

Le droit proportionnel est établi sur la valeur locative de la maison d'habitation et des magasins,

---

les Codes plus haut désignés. — Voir aussi, vers la fin des gros Bottins, les tableaux des patentables.

usines, ateliers, chantiers, etc., servant à l'exercice des métiers imposables.

Cette valeur locative pour les usines et établissements industriels est calculée en prenant ces établissements dans leur ensemble et munis de tous leurs moyens matériels de production.

Le taux du droit proportionnel est fixé conformément au tableau D.

Où est-il payé ?

Le droit proportionnel est payé dans toutes les communes où sont situés les usines, ateliers, magasins et autres locaux professionnels.

Remarques. — Si l'industrie pour laquelle vous êtes assujetti à la patente ne constitue pas votre profession principale et si vous ne l'exercez pas vous-même, vous ne devez payer le droit proportionnel que pour la maison d'habitation de l'agent préposé à l'exploitation.

Le médecin qui, annuellement, va dans une ville d'eaux, etc., pour y exercer sa profession, sans se livrer ailleurs à l'exercice de son art, n'est imposable au droit proportionnel que pour la maison qu'il occupe pendant la saison thermale ou balnéaire, même si cette maison n'est pas son habitation habituelle et principale.

Cumul

La personne qui exerce dans un même local ou dans des locaux non distincts, plusieurs industries ou professions passibles de droits proportionnels différents, paye ces droits d'après le taux applicable à la profession ou industrie qui comporte le taux le plus élevé.

Les exceptés de la patente

Voir l'édition plus haut signalée des *Lois de patente.*

Les ambulants

Les marchands ambulants, sous échoppe ou en étalage, sont passibles de la moitié des droits que payent ceux qui vendent les mêmes marchandises en boutique, sauf ceux qui ont un étal permanent ou une place fixe.

Sociétés en nom collectif

1° L'associé principal paye seul la totalité du droit fixe afférent à la profession. Le même droit est, d'autre part, divisé en autant de parts égales qu'il y a d'associés en nom collectif et une de ces parts est imposée à chaque associé secondaire.

2° Si les associés sont habituellement employés comme simples ouvriers dans les travaux de l'association, cette part ne doit pas dépasser le vingtième du droit fixe imposable à l'associé principal.

3° Le droit proportionnel est établi sur la maison d'habitation de l'associé principal et sur tous les locaux qui servent à la société pour sa profession.

Exception. — Si ces sociétés ont une profession du tableau C, l'associé principal paye seul le droit fixe.

Sociétés anonymes

Les sociétés anonymes ayant pour but une entreprise industrielle ou commerciale, sont imposées pour chacun de leurs établissements à un seul droit fixe, sous la désignation de l'objet de l'entreprise, sans préjudice du droit proportionnel.

Vendeurs pour autrui

Tout individu transportant des marchandises de commune en commune, lors même qu'il les vend pour le compte d'autrui, est tenu d'avoir une patente personnelle de marchand forain.

III. TRANSFERT DE PATENTE

Le cessionnaire ou le cédant peut demander le transfert. — Mais le cessionnaire ne peut demander le transfert que si, dans le local qu'il abandonne, c'est la même profession qui est continuée.

De plus, la cessation volontaire d'une profession n'est pas une bonne raison pour demander décharge ou réduction de la patente de l'année en cours (1).

Réclamation pour fermeture

En cas de fermeture après décès, liquidation judiciaire ou faillite déclarée, les droits ne sont dus que pour le passé et le mois courant. Sur réclamation des intéressés, décharge du surplus

(1) Reste la demande en remise ou modération, avant de payer les impôts, et si votre situation est nécessiteuse.

est accordée : cette réclamation doit être faite dans les trois mois de la fermeture.

Déménagements furtifs

En cas de déménagement furtif, le propriétaire ou bien le principal locataire devient responsable de la contribution du locataire parti, si, dans les huit jours, il ne donne pas avis de ce départ furtif au percepteur.

CHAPITRE VI

Taxes assimilées

SOMMAIRE. — I. Mainmorte. — II. Redevances minières. — III. Billards. — IV. Cercles. — V. Chevaux et voitures. — VI. Automobiles. — VII. Vélocipèdes. — VIII. Poids et mesures. — IX. Taxes de vérification, de visites, etc. — X. Taxes de pavage, de balayage. — XI. Taxes sur les chiens. — XII. Prestations.

I. MAINMORTE

La mainmorte frappe les immeubles des collectivités ou sociétés anonymes.

Conditions de l'imposition. — Pour qu'un immeuble soit passible de la mainmorte, il faut qu'il soit passible de la contribution foncière, qu'il appartienne à l'établissement qu'il s'agit d'imposer et qu'il soit visé par la loi.

Bases de la taxe. — Les bases en sont calculées d'après celles de la contribution foncière.

II. REDEVANCES MINIÈRES

Il y en a deux :

1° La redevance *fixe*, qui est annuelle et réglée d'après la surface de la concession. La première année de la concession, la redevance est due, non à partir du 1er janvier, mais à partir du 1er du mois dans lequel la concession est instituée.

Elle est due jusqu'à ce que la renonciation de l'exploitant ait été régulièrement acceptée.

2° La redevance *proportionnelle,* redevance annuelle que les mines payent à raison du produit net de leur exploitation.

III. BILLARDS

Déclaration. -- Qui possède un billard doit le déclarer du 1er octobre de chaque année au 31 janvier de l'année suivante à la mairie de la commune où se trouve le billard.

La déclaration une fois faite vaut jusqu'à déclaration contraire.

Sanctions. — Le retard ou l'inexactitude de la déclaration entraîne le doublement de la taxe.

Tarif. — Tarif inséré dans la loi du 16 septembre 1871.

IV. CERCLES

Etablissements imposables

Les cercles, sociétés ou lieux où se paient des cotisations.

Quant aux sociétés exclusivement sportives, littéraires, scientifiques, musicales, agricoles, etc., il faut, pour qu'elles soient exemptées, que leurs séances ne soient pas quotidiennes et qu'elles gardent leur affectation spéciale.

Bases de la taxe. — Elle est basée sur le montant des cotisations qui doivent être perçues, y compris les droits d'entrée, et sur la valeur locative des locaux à l'usage du cercle.

Déclaration. — Chaque année, en mairie, du 1er au 31 janvier.

La taxe est doublée en cas d'absence, de retard ou d'inexactitude de déclaration.

V. CHEVAUX ET VOITURES

Voitures imposables

Celles qui sont suspendues et destinées au transport des personnes, quelle que soit leur forme ou leur dénomination, que l'on s'en serve rarement ou pas du tout.

Chevaux imposables

Ceux qui servent au transport des personnes.

Demi-taxe. — Les voitures et chevaux, employés habituellement à l'exercice d'une profession patentée ou à l'agriculture, ne doivent être soumis qu'à la moitié de la taxe. (Dans les professions libérales, seuls y ont droit les docteurs en médecine, officiers de santé ou médecins-vétérinaires.)

Exemptions. — Sont exemptés les chevaux et voitures affectés à un service public ; — les chevaux destinés à la reproduction ; — les chevaux et voitures destinés à la vente ou à la location.

Qui doit la taxe ? — Celui qui jouit exclusivement du cheval ou de la voiture.

Où est due la taxe ? — Elle est due au lieu où le propriétaire est imposé à la taxe personnelle.

Déclaration ou modification. — Le 15 janvier au plus tard, à la mairie de la commune de résidence, et en cas de modification, dans les trente jours qui suivent la cause de la modification.

Tarif. — Annexé à la loi des 22 décembre 1879 et 8 avril 1910 (Voir Codes Dalloz, Carpentier, ou Collection *Officiel*).

VI. AUTOMOBILES

Leur contribution est établie d'après les tarifs annexés aux lois des 22 décembre 1879 et 8 avril 1910 (cette dernière parue à l'*Officiel* du 10 avril 1910). Par cheval-vapeur, la taxe est ainsi : 5 francs du 1er au 12e ; — 7 francs du 13e au 24e ; — 9 francs du 25e au 36e ; — 12 francs du 37e au 60e ; — 15 francs à partir du 61e.

Demi-taxe. — Voir à Chevaux et Voitures.

VII. VÉLOCIPÈDES

La taxe est due par le propriétaire ou le loueur et à partir du 1er du mois dans lequel a commencé la possession.

VIII. POIDS ET MESURES

Les commerces, industries et professions soumis à cette taxe sont énumérés dans le décret du 26 février 1873.

IX. TAXES DE VÉRIFICATION, DE VISITES, ETC.

Vérification des alcoomètres, etc.

Consulter le règlement du 2 août 1889.

Visite des pharmacies, drogueries

Consulter l'ordonnance du 20 septembre 1820.

NOTA. — Pour que les droits soient dus, il faut que la visite ait été faite, et faite par la Commission compétente.

Inspection des fabriques et dépôts d'eaux minérales

Consulter la loi du 19 juillet 1886 et le décret du 9 mai 1887.

Epreuve des appareils à vapeur

Consulter la loi du 18 juillet 1892.

Redevances pour délégués mineurs

Consulter la loi du 8 juillet 1890.

Taxes pour recouvrement des dépenses faites d'office au compte des riverains et usagers de cours d'eau non navigables.

Voir la loi de finances du 21 juillet 1894.

Taxes pour travaux de destruction des insectes, cryptogames, etc.

Voir loi de finances du 17 août 1828.

Taxes de pâturage

Voir lois des 18 juillet 1837 et 5 avril 1884.

Taxes de remplacement

Consulter le décret survenu après la délibération du Conseil municipal.

X. TAXES DE PAVAGE, BALAYAGE

Taxes de pavage

Consulter la loi de 1845.

Taxes de balayage

Consulter la loi du 26 mars 1873.

Taxes pour travaux de salubrité

Voir la loi du 16 septembre 1807.

XI. TAXE DES CHIENS

Chiens imposables

Tous les chiens, sauf ceux qui, au 1er janvier, sont encore nourris par leur mère. Mais les petits chiens nourris artificiellement sont imposables.

Il y a deux catégories de chiens imposables :

Première catégorie : elle comprend les chiens de luxe ou de chasse, même quand ils ne sont employés pour la chasse que temporairement ou accidentellement, ou bien quand ils sont dressés pour la chasse.

Deuxième catégorie : c'est celle des chiens de garde. Quant aux chiens mixtes, ils supportent la taxe la plus élevée,

La taxe. — Elle ne peut dépasser 10 francs ni être inférieure à 1 franc.

Qui la doit? – Le possesseur du chien.

Où est-elle due? — Où réside habituellement le possesseur des chiens.

Déclaration. — Elle doit être faite du 1er octobre au 15 janvier de l'année suivante, à la mairie.

Sanctions. — Double taxe pour les déclarations incomplètes ou inexactes; — triple taxe pour les déclarations hors du délai légal.

XII. PRESTATIONS

Qui les doit?

Tout habitant, chef de famille ou d'établissement à titre de propriétaire, de régisseur, de fermier ou de colon partiaire, inscrit à bon droit au rôle des contributions directes, peut être appelé à fournir chaque année une prestation de trois jours : 1° pour sa personne et chaque individu mâle valide âgé de dix-huit ans au moins et de soixante ans au plus, membre ou serviteur de la famille et résidant habituellement dans la commune; — 2° pour chacune de ses charrettes ou voitures attelées, et, en outre, pour chacune de ses bêtes de somme, de trait, de selle, au service de la famille ou de l'établissement dans la commune (Loi du 21 mai 1836).

Les exemptés

Les femmes; — les hommes âgés de soixante ans avant le 1er janvier; — les gravement infirmes; —

les personnes imposables seulement à la personnelle-mobilière, mais qui en sont exemptées.

Remarques. — Celui qui possède plusieurs voitures et plusieurs bêtes de trait n'est imposable que pour le nombre de voitures qu'il peut atteler simultanément.

La taxe est due quelle que soit la nature de la voiture ou de l'attelage.

Bêtes non-imposables

Les chevaux de moins de deux ans ou trop vieux pour servir encore ; — les jeunes bœufs qui, au 1er janvier, ne sont encore que des élèves et n'ont pas été attelés ; — les animaux destinés à la reproduction, à la vente.

Qui est imposé ?

Celui qui a l'usage habituel des bêtes et voitures : ce n'est donc pas forcément leur propriétaire.

Où est due la taxe ?

Pour la prestation personnelle, elle est due là où l'imposable réside habituellement. Pour la prestation des serviteurs, membres de la famille, voitures, animaux, elle est due au lieu de l'établis-

---

NOTA. — Dans ce Manuel, nous ne pouvions guère, pour certaines taxes, faire plus qu'indiquer des références. — Nous rappelons que le Code Dalloz est souvent à la bibliothèque municipale, et que l'on peut utilement chercher aussi dans le Code Carpentier ou les Collections d'*Officiels*.

sement au service duquel ils sont attachés d'une manière fixe.

Délai d'option

Un délai d'un mois après la publication du rôle est donné aux imposés pour déclarer en mairie s'ils veulent s'acquitter de leurs prestations en nature ou en argent.

DEUXIÈME PARTIE

COMMENT RÉCLAMER ?

CHAPITRE VII

Comment réclamer?

SOMMAIRE. — I. Délais pour réclamer. — II. Papier timbré ou libre. — III. Autres conditions. — IV. Autres cas. — V. Demandes collectives. — VI. Audiences, recours, expertises.

Il y a deux sortes de réclamations sur contributions directes : les demandes en décharge ou réduction qui sont admises ou rejetées, en droit, et les demandes en remise ou modération qui sont admises par mesure gracieuse.

I. DÉLAIS POUR RÉCLAMER

1° Les demandes en décharge ou réduction doivent être adressées au sous-préfet, ou au préfet pour l'arrondissement chef-lieu, dans les *trois mois* de la date de la publication des rôles (Cette date doit être mentionnée sur la feuille blanche d'avertissement).

Remarque. — Lorsque, par suite de changement

NOTA. — Le jour de la publication et celui de l'échéance ne sont pas comptés dans le délai de trois mois, de résidence, un contribuable se trouve imposé par double emploi dans l'ancienne et la nouvelle résidence, le délai de trois mois pour réclamer contre la cotisation de l'ancienne résidence ne court qu'à partir du jour où le contribuable a eu connaissance officielle de sa double imposition, du jour de la remise de la contrainte décernée contre lui par le percepteur. Il en va de même en cas de faux emploi.

2° Quant aux demandes en remise ou en modération motivées soit par des pertes dues à des événements extraordinaires, soit par des vacances totales ou partielles de maisons ou par des chômages d'usines, elles doivent être présentées dans les *quinze jours* qui suivent : 1° dans le premier cas, les événements extraordinaires ; 2° dans le second, l'année ou le trimestre d'inhabitation ou de chômage (1) et (2).

Pour les nombreux qui réclament contre leur personnelle ou leur petite mobilière par misère, ils peuvent faire en tout temps leurs demandes, mais avant de payer leurs impositions.

---

(1) Nous rappelons que pour pouvoir demander une remise ou modération d'impôt sur le foncier, il faut que l'inhabitation ou le chômage ait d'abord duré un an ; vous réclamez pour cette année. Et ce n'est qu'après cette première remise ou modération obtenue dans ces conditions que vous pouvez en solliciter une pour une vacance de moins d'un an et d'au moins trois mois.

Mais il n'en est pas de même pour les portes et fenêtres, sur la cotisation desquelles on est fondé à réclamer après une vacance de trois mois, dès la première fois.

(2) Les demandes en remise ou modération ne sont valables que pour l'année même. Il faut, ensuite, les renouveler.

II. PAPIER TIMBRÉ OU LIBRE

Les demandes en décharge ou réduction, ainsi que celles en remise ou modération motivées par des vacances ou des chômages, doivent être écrites sur papier timbré à 0 fr. 60 si elles ont pour objet une imposition égale ou supérieure à 30 francs.

Le timbre est remboursé si la demande est jugée bien fondée.

III. AUTRES CONDITIONS

Il faut faire une demande distincte par commune, si l'on a à réclamer dans diverses communes.

Il faut bien indiquer la contribution contre laquelle on réclame, dire dans quel but on réclame, et exposer sommairement les motifs capables de justifier la demande.

Enfin, il faut joindre à sa lettre les quittances des douzièmes payés, ainsi que la feuille blanche d'avertissement ou un extrait du rôle. A défaut de cela, il faut indiquer le numéro de l'article du rôle dans lequel figure la contribution contestée.

IV. AUTRES CAS

1° *Constructions nouvelles.* — Le délai, dans ce cas, est de quatre mois à partir de l'ouverture des travaux. Indiquer dans la demande la nature du bâtiment, sa destination et sa situation cadastrale.

2° *Démolitions.* — Faire la demande avant l'ouverture des travaux.

V. DEMANDES COLLECTIVES

Dans une commune où beaucoup d'habitants ont souffert d'un événement extraordinaire, le Maire peut faire une demande collective pour tous les sinistrés à la fois, bien entendu en les dénommant chacun avec ses pertes.

VI. AUDIENCES. RECOURS. EXPERTISES

Dans le cas d'une demande en décharge ou réduction, le réclamant peut demander à être entendu par le Conseil de Préfecture avant que celui-ci ait jugé la réclamation.

Il peut faire cette demande d'audience soit sur sa lettre de réclamation, soit plus tard, pendant le délai de dépôt du dossier de sa réclamation (dépôt dont il sera averti à temps).

Recours. Expertises. — Sur ces points, lire le chapitre VIII : « Que devient une réclamation ? »

Les extraits de rôles. — Les percepteurs doivent, contre 0 fr. 25, délivrer tout extrait de rôle qui leur est demandé. — Ils doivent les délivrer gratuitement aux indigents.

CHAPITRE VIII

Que devient une réclamation ?

SOMMAIRE. — I. Instruction par le contrôleur. — II. Conclusions du directeur. — III. Dépôt des dossiers. — IV. Notification du dépôt. — V. Demande d'audience. — VI. Après le dépôt. — VII. Expertise. — VIII. Pourvois. — IX. Renseignements annexes.

I. INSTRUCTION PAR LE CONTROLEUR

Les réclamations reçues à la Préfecture ou à la Sous-Préfecture y sont enregistrées et repérées par un numéro d'ordre, puis transmises à la Direction des Contributions directes.

Le Directeur les examine et fait enregistrer les réclamations régulières sur des registres par contrôles ; puis il les communique pour instruction aux contrôleurs.

Le contrôleur, ensuite, prend l'avis du Maire et des répartiteurs, en d'autres cas, celui du Maire seul, sur la réclamation ; il doit personnellement chercher et prouver les faits qui peuvent servir la réclamation ou lui être contraires.

Aussitôt que la vérification d'une réclamation est terminée, et après notes enregistrées, le contrôleur renvoie le dossier au Directeur avec son rapport.

II. CONCLUSIONS DU DIRECTEUR

Là-dessus, le Directeur, après avoir examiné si l'instruction a été régulièrement faite, fait son rapport, donne ses conclusions.

III. DÉPOT DES DOSSIERS

Si le Directeur conclut au rejet partiel ou total de la demande, il transmet le dossier à la Préfecture ou à la Sous-Préfecture, et invite en même temps le réclamant à en prendre connaissance pour, dans un délai de dix jours, fournir de nouvelles observations ou demander l'expertise.

Mais le dépôt du dossier n'est pas obligatoire lorsque le directeur conclut à l'admission de la demande.

Un second dépôt peut avoir lieu si, dans la suite de l'instruction, il est produit contre la demande de nouveaux moyens sur lesquels le réclamant n'a pas été invité à s'expliquer.

IV. NOTIFICATION DU DÉPOT

Cette notification est faite par lettres transmises aux réclamants par l'intermédiaire des Maires, aux réclamants et non forcément aux mandataires.

V. DEMANDE D'AUDIENCE OU D'EXPERTISE

Dans le délai du dépôt, le réclamant peut demander à ce qu'il soit entendu par le Conseil de

Préfecture avant que le Conseil juge sa réclamation. — Il peut aussi demander l'expertise. Il aurait pu demander aussi l'une ou l'autre en même temps qu'il faisait sa réclamation.

Cette demande doit être écrite, et, passé le délai du dépôt, n'est plus recevable (1).

VI. APRÈS LE DÉPOT

Après le dépôt, si le réclamant n'a pas fourni d'observations, le Directeur des Contributions directes renvoie aussitôt les pièces à la Préfecture.

Si le réclamant a demandé l'audience, le Conseil de Préfecture ne jugera pas sa demande avant de l'avoir entendu.

Puis le Conseil rend son jugement.

Voyons maintenant le cas de l'expertise.

VII. EXPERTISE

Le Conseil de Préfecture est souverain pour ordonner l'expertise et telles mesures d'instruction qu'il croit utiles.

Le Conseil de Préfecture peut toujours, avant de statuer sur une demande, ordonner une expertise, alors même que le réclamant, mis en demeure pendant le dépôt de recourir à l'expertise, ne l'aurait pas réclamée.

Il appartient au réclamant de désigner son

(1) Pourtant, le réclamant peut demander oralement l'expertise au moment où il est convoqué devant le Conseil de Préfecture, sur demande d'audience.

expert, à moins qu'il ne s'en remette au seul expert de l'Administration.

Le contrôleur fixe le jour de l'expertise; il en prévient au moins dix jours à l'avance les deux experts, le Maire de la commune et le réclamant.

Le réclamant peut assister à l'expertise ou s'y faire représenter par un mandataire.

Le contrôleur rédige le procès-verbal de l'expertise et y joint son avis.

Sur ce procès-verbal, le Directeur des Contributions directes fait son rapport, puis envoie le dossier au Conseil de Préfecture.

Tierce-expertise

S'il y a désaccord entre l'expert du réclamant et celui de l'Administration, l'Administration ou le réclamant peut réclamer une tierce-expertise. Le tiers-expert est désigné, sur simple requête de la partie la plus diligente et sans frais, par le juge de paix du canton.

(Voir la loi du 29 décembre 1884).

Règlement des frais d'expertise et de tierce-expertise

Quand la demande est rejetée en totalité, les frais sont à la charge du réclamant.

Quand le dégrèvement sollicité est accordé, les frais sont à la charge de la commune ou de l'Etat.

Mais si le dégrèvement accordé n'est pas supérieur à celui qui avait été proposé, avant l'expertise, par les agents des Contributions directes, les frais sont à la charge du réclamant.

Avis des jugements

Le Directeur des Contributions directes donne avis aux réclamants des décisions prises à l'égard de leurs réclamations.

VIII. POURVOIS

1° Pourvois devant le Conseil de Préfecture

C'est devant le Conseil de Préfecture que doivent être attaqués les arrêtés qu'il a rendus par défaut ; devant lui que doivent être formées les tierces-oppositions ou les réclamations contre les arrêtés du Préfet fixant tous frais d'expertise.

2° Pourvois devant le Conseil d'Etat

Les autres jugements du Conseil de Préfecture peuvent être déférés au Conseil d'Etat.

Délai. — Le contribuable qui veut se pourvoir en Conseil d'Etat doit exercer son recours dans les deux mois de la notification de l'arrêté qu'il attaque.

Le jour de la signification et celui de l'échéance ne sont pas compris dans le délai de deux mois.

Et il faut que le pourvoi soit parvenu à la Préfecture et y ait été enregistré dans les deux mois, pour être valable.

Timbre. — Le pourvoi doit se demander sur papier timbré quand la cote qui en fait l'objet s'élève à 30 francs et au-dessus.

Pièces à joindre. — Il faut joindre au pourvoi

la lettre d'avis de la décision attaquée, et toutes les pièces dont on entend appuyer sa demande.

Qualité. — Enfin, on ne peut pas se pourvoir pour autrui, si l'on n'est pas son mandataire.

Effets des pourvois

Les pourvois devant le Conseil d'Etat ne dispensent pas les contribuables de réclamer dans les formes et délais ordinaires pour les impositions des années suivantes. — Il en va de même des arrêts du Conseil d'Etat.

IX. RENSEIGNEMENTS ANNEXES

Responsabilités des propriétaires, principaux locataires ou logeurs en garnis

Personnelle-Mobilière

Les propriétaires et, à leur place, les principaux locataires, doivent, *un mois* avant l'époque du déménagement de leurs locataires, se faire présenter par ces derniers les quittances de leur contribution personnelle-mobilière. — Lorsque les locataires ne présentent pas ces quittances, les propriétaires ou principaux locataires sont tenus, sous leur responsabilité personnelle, de donner, dans *les trois jours*, avis du déménagement au percepteur.

Dans le cas de déménagement furtif, les propriétaires ou principaux locataires sont responsables des termes échus de la contribution personnelle-mobilière de leurs locataires, s'ils n'ont pas, dans *les huit jours*, donné avis du déménagement au percepteur.

Patente

Les propriétaires ou principaux locataires sont responsables du dernier douzième échu et du douzième courant de la *patente* de leur locataire, s'ils n'ont pas donné avis au percepteur du déménagement *un mois* avant le terme fixé par le bail ou les conventions verbales, et dans le cas où ce terme est devancé, comme aussi dans le cas de déménagement furtif, dans *les huit jours* qui suivent le départ.

Logeurs en garnis

Dans tous les cas, les propriétaires ou principaux locataires sont responsables de la personnelle-mobilière des personnes qu'ils logent en garni.

FIN

TABLE DES MATIÈRES

PREMIÈRE PARTIE

Conditions d'imposition ou de non-imposition

DEUXIÈME PARTIE

Comment réclamer?

FIN DE LA TABLE DES MATIÈRES

BAR-SUR-SEINE. — IMP. Ve C. SAILLARD.

1er JANVIER 1912

Ce Catalogue annule les précédents

CATALOGUE COMPLET

DE LA

LIBRAIRIE ENCYCLOPÉDIQUE

RORET

L. MULO, SUCCr

12, rue Hautefeuille, 12

PARIS-VIe

NOUVELLE COLLECTION

DE

L'ENCYCLOPÉDIE-RORET

Format in-18 Jésus 19 × 12

COLLECTION DES MANUELS-RORET

OUVRAGES DIVERS

Sur l'Industrie et les Arts et Métiers

OUVRAGES HORTICOLES — ALBUMS INDUSTRIELS

JOURNAUX — SUITES A BUFFON

Divers. — Bibliothèque des Arts et Métiers

Dépôt des Ouvrages publiés par la Librairie FÉRET & FILS

DE BORDEAUX

Ce Catalogue est envoyé *franco* sur demande

ENCYCLOPÉDIE-RORET

COLLECTION

DES

MANUELS-RORET

FORMANT UNE

ENCYCLOPÉDIE DES SCIENCES ET DES ARTS

FORMAT IN-18

Par une réunion de Savants et d'Industriels

Tous les Traités se vendent séparément.

La plupart des volumes, de 300 à 400 pages, renferment des planches parfaitement dessinées et gravées, et des figures intercalées dans le texte.

Les Manuels épuisés sont revus avec soin et mis au niveau de la science à chaque édition. Aucun Manuel n'est cliché, afin de permettre d'y introduire les modifications et les additions indispensables. Cette mesure, qui oblige l'Editeur à renouveler les frais de composition typographique à chaque édition, doit empêcher le Public de comparer le prix des *Manuels-Roret* avec celui des ouvrages similaires, tirés sur clichés.

Pour recevoir chaque volume franc de port, on joindra, à la lettre de demande, un *mandat sur la poste* (de préférence aux timbres-poste). Afin d'éviter les écritures pour l'expéditeur et les frais de recouvrement pour le destinataire, **aucun envoi n'est fait contre remboursement par la Poste.**

Les volumes expédiés dans les pays qui ne font pas partie de l'Union des Postes, seront grevés des frais de poste établis d'après les tarifs de la poste française. Les demandes venant de l'**Etranger** devront contenir **25 centimes** en sus des prix portés au Catalogue, pour frais de recommandation à la Poste.

Les timbres étrangers ne pouvant être utilisés, nous prions nos Correspondants de ne pas nous en adresser.

Nouvelle Collection de l'Encyclopédie-Roret

Format in-18 Jésus 19 × 12

Les ouvrages précédés d'un astérisque (*) ont été honorés d'une souscription des Ministères du Commerce, de l'Instruction publique et des Beaux-Arts, et de l'Agriculture.

Manuel de l'**Apiculteur Mobiliste**, nouvelles Causeries sur les Abeilles en 30 leçons, par l'abbé Duquesnois. 1 vol. in-18 jésus, orné de 20 fig. dans le texte. (*Médaille d'argent* à Bar-le-Duc.) 3 fr.

— de l'**Eleveur de Chèvres**, par H.-L.-Alph. Blanchon. 1 vol. in-18 jésus, orné de 12 figures dans le texte. 2 fr. 50

*— de l'**Eleveur de Faisans**, par H.-L.-Alph. Blanchon, 1 vol. in-18 jésus, orné de 31 figures dans le texte. 2 fr.

— de l'**Eleveur de Poules**, par H.-L.-Alph. Blanchon. Deuxième édition, revue, 1 vol. in-18 jésus, orné de 67 figures dans le texte. 3 fr.

— du **Pisciculteur**, par H.-L.-Alph. Blanchon, 1 vol. in-18 jésus, orné de 65 fig. dans le texte. 3 fr. 50

*— de l'**Eleveur de Pigeons, Pigeons voyageurs**, par H.-L.-Alp. Blanchon, 1 vol. in-18 jésus, orné de 44 fig. dans le texte. 3 fr.

*— de l'**Eleveur de Lapins**, par Willemin, 1 vol. in-18 jésus, orné de 24 figures dans le texte. 2 fr. 50

— **Cordon Bleu** (le), Nouvelle Cuisinière Bourgeoise, par Mlle Marguerite, 14e édition. 1 vol. in-18 jésus, orné de figures dans le texte. (*En préparation*).

— **Eléments Culinaires** (les) à l'usage des jeunes filles, par Auguste Colombié. 1 vol. in-18 jésus, cartonné. 3 fr.

— **Traité pratique de Cuisine bourgeoise**, par Auguste Colombié, 1 vol. in-18 jésus, cartonné. 4 fr.

— **100 Entremets**, par Auguste Colombié, 1 vol. in-18 jésus, cartonné. 2 fr.

*— de **Jardinage et d'Horticulture**, par Albert Maumené, avec la collaboration de Claude Trébignaud, arboriculteur. 1 vol. in-18 jésus, orné de 275 figures dans le texte, 900 pages. Broché, 6 fr. — Cartonné. 7 fr.

— de l'**Agriculteur**, par Louis Beuret et Raymond Brunet, 1 vol. in-18 jésus orné de 117 figures. 5 fr.

— **Artichaut et de l'Asperge (de la Culture de l')**, par R. Brunet, ingénieur agronome. 1 vol. orné de 13 fig. dans le texte. 2 fr.

— **Champignons et de la Truffe** (de la Culture des),

par R. BRUNET, ingénieur agronome. 1 vol. orné de 15 figures dans le texte. 2 fr. 50

— **Châtaignier** (Culture, Exploitation et Utilisations), par H. BLIN. 1 vol. in-18 jésus orné de 36 fig. 1 fr. 50

— **Fraisier** (de la Culture du), par R. BRUNET, ingénieur agronome. 1 vol. orné de 28 fig. dans le texte. 2 fr.

— **Groseillier, du Cassissier et du Framboisier** (de la Culture du), par R. BRUNET, ingénieur agronome. 1 vol. orné de 7 fig. dans le texte. 1 fr. 50

— **Melon, de la Citrouille et du Concombre** (de la Culture du), par R. BRUNET, ingénr agronome. 1 vol. orné de 25 fig. dans le texte. 2 fr.

— **d'Ostréiculture et de Myticulture**, par A. LARBALÉTRIER, 1 vol. orné de 22 fig. dans le texte. 2 fr. 50

— **Tabac** (Culture et Fabrication du), par R. BRUNET, ingénr agronome. 1 vol. orné de 23 fig. dans le texte. 3 fr.

COLLECTION DES MANUELS-RORET

Manuel pour gouverner les Abeilles (Voir *Manuel de l'Apiculteur*, page 3).

— **Accordeur de Pianos**, traitant de la Facture des Pianos anciens et modernes et de la Réparation de leur mécanisme, contenant des Principes d'Acoustique, des Notions de Musique, les Partitions habituelles, la Théorie et la Pratique de l'Accord, à l'usage des Accordeurs et des Amateurs, par M. G. HUBERSON. 1 vol. orné de figures et de musique et accompagné de planches. 2 fr. 50

— **Aérostation,** ou Guide pour servir à l'histoire ainsi qu'à la pratique des *Ballons* (*En préparation*).

— **Agriculture Elémentaire** (Voir *Manuel de l'Agriculteur*, page 3).

— **Ajusteur-Mécanicien**, Apprenti, Ouvrier, Contremaître, par Paul BLANCARNOUX, ingénieur des arts et métiers. 2 vol. ornés de 230 figures dans le texte. 6 fr.

— **Alcoométrie**, contenant la description des appareils et des méthodes alcoométriques, les Tables de Force de Mouillage des Alcools, le Remontage des Eaux-de-Vie, et des indications pour la vente des alcools au poids, par MM. F. MALEPEYRE et AUG. PETIT. 1 vol. 1 fr. 75

— **Algèbre,** ou Exposition élémentaire des principes de cette science (*En préparation*).

— **Alimentation,** par M. W. MAIGNE. 2 vol. 6 fr.

— *Première partie*, SUBSTANCES ALIMENTAIRES, leur origine, leur valeur nutritive, falsifications qu'on leur fait subir et moyens de les reconnaître. 1 vol. 3 fr.

— *Deuxième partie*, CONSERVES ALIMENTAIRES, contenant tous les procédés en usage pour conserver les Viandes, le Poisson, le Lait, les Œufs, les Grains, les Légumes verts et secs, les Fruits, les Boissons, etc., suivi du Bouchage des boîtes, des vases et des bouteilles. 1 vol. orné de fig. 3 fr.

— **Amidonnier et Fabricant de Pâtes alimentaires**, traitant de la Fabrication de l'Amidon et des Produits obtenus des Fruits et des Plantes qui renferment de la Fécule, par MM. MORIN, F. MALEPEYRE et Alb. LARBALÉTRIER. 1 vol. avec figures et planches. 3 fr.

— **Anatomie comparée**, par MM. de SIEBOLD et STANNIUS; trad. de l'allemand par MM. SPRING et LACORDAIRE, professeurs à l'Université de Liége. 3 gros vol. 10 fr. 50

— **Aniline (Couleurs d'), d'Acide phénique et de Naphtaline**, par M. Th. CHATEAU. (*En préparation.*)

— **Animaux nuisibles** (Destructeur des).

1re *partie*, Animaux nuisibles aux Habitations, à l'Agriculture, au Jardinage, etc., par VÉRARDI (*En préparation*).

2e *partie*, Insectes nuisibles aux Arbres forestiers et fruitiers, à l'usage des Forestiers, des Jardiniers et des Propriétaires, par MM. RATZEBURG, DE CORBERON et BOISDUVAL. 1 vol. orné de 8 planches. (*En préparation.*)

— **Archéologie** grecque, étrusque, romaine, égyptienne, indienne, etc. (*En préparation*).

— **Architecte des Jardins**, ou l'Art de les composer et de les décorer, par M. BOITARD. 1 vol. avec Atlas de 140 planches (*En préparation*).

— **Architecte des Monuments religieux**, ou Traité d'Archéologie pratique, applicable à la restauration et à la construction des Eglises, par M. SCHMIT. (*En prépar.*).

— **Arithmétique démontrée**, par MM. COLLIN et TRÉMERY. 1 vol. (*En préparation.*)

— **Arithmétique complémentaire**, ou Recueil de Problèmes nouveaux, par M. TRÉMERY. 1 vol. 1 fr. 75

— **Armurier**, Fourbisseur et Arquebusier, traitant de la fabrication des Armes à feu et des Armes blanches, par M. PAULIN DÉSORMEAUX. 2 vol. avec planches. (*En prépar.*)

— **Arpentage**, Art de lever les plans, par P. BOURGOIN, géomètre topographe. 1 vol. avec 255 fig. 3 fr. 50

On vend séparément les MODÈLES DE TOPOGRAPHIE, par CHARTIER. 1 planche coloriée. 1 fr.

— **Art militaire**, ou Instructions pratiques à l'usage

de toutes les armes de terre, par M. VERGNAUD, colonel d'artillerie. 1 volume avec figures. (*En préparation.*)

— **Artificier** (PYROTECHNIE CIVILE), contenant l'Art de confectionner et de tirer les feux d'artifice, par A.-D. VERGNAUD, colonel d'artillerie et P. VERGNAUD, lieutenant-colonel. 1 vol. orné de fig. Nouvelle Edition, refondue, par Georges PETIT, ingénieur civil. 3 fr.

— **Aspirants** aux fonctions de Notaires, Greffiers, Avocats à la Cour de Cassation, Avoués, Huissiers, et Commissaires-Priseurs, par M. COMBES. 1 vol. (*En préparation.*)

— **Assolements, Jachère et Succession des Cultures** (Voir *Manuel de l'Agriculteur*, page 3).

— **Astronomie**, ou Traité élémentaire de cette science, trad. de l'anglais de W. HERSCHEL, par M. A.-D. VERGNAUD. 1 vol. orné de planches. (*En préparation.*)

— **Astronomie amusante**, Notions élémentaires sur l'Astronomie par M. L. TOMLINSON, traduit de l'anglais par A. D. VERGNAUD. 1 vol. avec figures. (*En prép.*)

— **Automobiles** (De la construction et du montage des), contenant l'historique, l'étude détaillée des pièces constituant les automobiles, la construction des voitures à pétrole, à vapeur et électriques, les renseignements sur leur montage et leur conduite, par N. CHRYSSOCHOÏDÈS, ingénieur des Arts et Manufactures, professeur à la Fédération générale française des Chauffeurs, Mécaniciens, Electriciens. 2 vol. ornés de 340 figures dans le texte. 8 fr.

— **Bibliographie universelle**, par MM. F. DENIS, P. PINÇON et DE MARTONNE. (*En préparation.*)

— **Bibliothéconomie**, Arrangement, Conservation et Administration des Bibliothèques, par L.-A. CONSTANTIN. 1 vol. orné de figures. (*En préparation.*)

— **Bijoutier-Joaillier** et Sertisseur, traitant des Pierres précieuses, de la Nacre, des Perles, du Corail et du Jais, contenant l'Art de les tailler, de les sertir, de les monter, de les imiter, suivi de la description des principaux Ordres et la fabrication de leurs décorations, par MM. JULIA DE FONTENELLE, F. MALEPEYRE et A. ROMAIN. 1 vol. accompagné de planches 3 fr.

— **Bijoutier-Orfèvre**, traitant des Métaux précieux, de leurs Alliages, des divers modes d'Essai et d'Affinage, du Titre et des Poinçons de garantie de l'Or et de l'Argent, des divers travaux d'Orfèvrerie en or, en argent et en plaqué, du Niellage et de l'Emaillage des Métaux précieux, de la Bijouterie en vrai et en faux, de la fabrication des bijoux de fantaisie, en fer, en acier, en aluminium, etc., par J. DE FONTENELLE, F. MALE-

PEYRE et A. ROMAIN. 2 vol. avec fig. et planches. 6 fr.

— **Biographie,** ou Dictionnaire historique abrégé des grands hommes, par M. NOEL, ancien inspecteur-général des études. 2 volumes. 6 fr.

— **Blanchiment et Blanchissage,** Nettoyage et Dégraissage des fils de lin, coton, laine, soie, etc., par G. PETIT, ing. civ. 2 vol. ornés de 112 fig. dans le texte. 7 fr.

— **Bonnetier et Fabricant de bas,** renfermant les procédés à suivre pour exécuter, sur le métier et à l'aiguille les divers tissus à maille, par MM. LEBLANC et PREAUX-CALTOT. 1 vol. avec planches *(En préparation)*.

— **Botanique,** Partie élémentaire, par M. BOITARD. 1 vol avec planches. 3 fr. 50

ATLAS DE BOTANIQUE pour la partie élémentaire. 1 vol. in-8 renfermant 36 planches. 6 fr.

— **Bottier et Cordonnier** (*En préparation*).

— **Boucher,** voyez *Charcutier*.

TABLEAU FIGURATIF DES DIVERSES QUALITÉS DE LA VIANDE DE BOUCHERIE, in-plano colorié. 1 fr.

— **Bougies stéariques et Bougies de paraffine,** traitant de la fabrication des Acides gras concrets, de l'Acide oléique, de la Glycérine, etc., par M. F. MALEPEYRE. Nouv. éd. rev. et corrig. par G. PETIT, ing. civil. 2 vol. ornés de 179 figures dans le texte. 8 fr.

— **Boulanger,** ou Traité pratique de la Panification française et étrangère, contenant la connaissance des farines, les moyens de reconnaître leur mélange et leur altération, les principes de la Boulangerie, la construction des pétrins et des fours, la fabrication de toute espèce de pains et de biscuits, par J. FONTENELLE et F. MALEPEYRE. Nouvelle édition entièrement refondue et mise au courant de l'état actuel de cette industrie, par SCHIELD-TREHERNE. 1 vol. orné de 97 figures dans le texte 4 fr.

— **Bourrelier-Sellier-Harnacheur,** contenant la description de tout l'outillage moderne. Les renseignements sur les marchandises à employer. Fabrication du harnais, équipement, sellerie, garniture de voitures. Recettes diverses. Vocabulaire des termes en usage dans cette profession, par L. JAILLANT. 1 vol. orné de 126 fig. dans le texte. 3 fr.

— **Bourse et ses Spéculations** mises à la portée de tout le monde, par BOYARD. 1 vol. (*En préparation*).

— **Bouvier.** (*En préparation.*)

— **Brasseur,** ou l'Art de faire toutes sortes de Bières françaises et étrangères, par F. MALEPEYRE. Nouvelle édition, entièrement revue et complétée par SCHIELD-TREHERNE, 2 gros vol. accompagnés d'un Atlas de 14 pl. 8 fr.

— **Briquetier, Tuilier,** Fabricant de Carreaux, de tuyaux de Drainage et de Creusets réfractaires, contenant la fabrication de ces matériaux à la main et à la mécanique, et la description des fours et appareils actuellement usités dans ces industries, par F. MALEPEYRE et A. ROMAIN. Nouvelle édition, revue, corrigée et augmentée, par G. PETIT, ingénieur civil. 2 vol. ornés de 351 fig. dans le texte. 7 fr.

— **Briquets, Allumettes chimiques,** soufrées, phosphorées, amorphes, etc., *Briquets électriques*, *Lumière électrique* et appareils qui la produisent, par MM. MAIGNE et A. BRANDELY. Edition entièrement refondue par Georges PETIT, ingénieur civil. 1 vol. orné de 67 figures. 3 fr.

— **Broderie,** ou Traité complet de cet Art, par Mme CELNART. 1 vol. accomp. d'un Atlas de 40 pl. (*En prép.*).

— **Bronzage des Métaux et du Plâtre,** par DEBONLIEZ, MALEPEYRE, et LACOMBE. 1 vol. 1 fr. 25

— **Cadres** (Fabricant de), Passe-Partout, Châssis, Encadrements, suivi de la restauration des tableaux et du nettoyage des gravures, estampes, etc., par J. SAULO et DE SAINT-VICTOR. Edition entièrement refondue, par E.-E. STAHL. 1 vol. orné de 27 illustrations. 2 fr.

— **Calculateur,** ou COMPTES-FAITS utiles aux opérations industrielles, aux comptes d'inventaire, etc., par M. Aug. TERRIÈRE. 1 gros vol. 3 fr. 50

— **Calendrier** (Théorie du). (*En préparation.*)

— **Calligraphie,** ou l'Art d'écrire en peu de leçons, d'après la méthode de CARSTAIRS. 1 Atlas in-8 obl. 1 fr.

— **Canotier,** ou Traité universel et raisonné de cet Art, par UN LOUP D'EAU DOUCE. (*En préparation*).

— **Caoutchouc, Gutta-percha, Gomme factice,** Tissus imperméables, Toiles cirées et gommées, par M. MAIGNE. Nouvelle édition, revue et augmentée, par G. PETIT, ingénieur civil. 2 vol. ornés de 96 fig. dans le texte. 6 fr.

— **Capitaliste,** contenant la pratique de l'escompte et des comptes-courants, d'après la méthode nouvelle, par M. TERRIÈRE, employé à la trésorerie générale de la couronne. 1 gros vol. (*En préparation*).

— **Carrossier.** (*En préparation.*)

— **Cartes Géographiques** (Construction et Dessin des), par PERROT. Nouvelle édition par BOURGOIN. 1 vol. orné de 148 figures. 2 fr. 50

— **Cartonnier,** Fabricant de Carton, de Carte, de

Cartonnages et de Cartes à jouer, par Georges PETIT, ingénieur civil. 1 vol. orné de 95 fig. dans le texte. 4 fr.

— **Chamoiseur, Maroquinier, Mégissier, Teinturier en peaux, Fabricant de Cuirs vernis, Parcheminier et Gantier,** traitant de l'outillage à la main, des machines nouvelles, et des procédés les plus récents en usage dans ces diverses industries, par MM. JULIA DE FONTENELLE, MAIGNE et VILLON. 1 vol. avec fig. 3 fr. 50

— **Chandelier et Cirier,** contenant toutes les opérations usitées dans ces industries. Nouvelle édition par Georges PETIT, ingénieur civil. 1 vol. orné de 85 figures dans le texte. 4 fr.

— **Chapeaux** (Fabricant de) en tous genres, par MM. CLUZ, F. et JULIA DE FONTENELLE. 1 vol. (*En préparation*).

— **Charcutier, Boucher et Equarrisseur,** contenant l'élevage et l'engraissement du Porc et de la Truie, l'Art de préparer et de conserver les différentes parties du Cochon, les maniements et le Dépeçage du Bœuf, de la Vache, du Taureau, du Veau, du Mouton et du Cheval, et traitant de l'utilisation des débris, par MM. LEBRUN et MAIGNE. 1 vol. avec figures et planches. 2 fr. 50

On vend séparément :

TABLEAU DES QUALITÉS DE VIANDE, in plano col. 1 fr.

— **Charpentier,** ou Traité complet et simplifié de cet Art, traitant de la Charpente en bois et en fer et de la Manipulation des diverses pièces de Charpente, par HANUS, BISTON, BOUTEREAU et GAUCHÉ. Nouvelle édition refondue, corrigée et augmentée de la *Série des Prix*, par N. CHRYSSOCHOÏDÈS. 2 vol. ornés de 94 fig. dans le texte et accompagnés d'un Atlas de 22 planches. 8 fr.

— **Charron-Forgeron,** traitant de l'Atelier, de l'Outillage, des Matériaux mis en œuvre par le Charron, du Travail de la forge, de la Construction du gros et du petit matériel, etc., par M. G. MARIN-DARBEL. 1 vol. orné de nombreuses figures et accompagné de planches. 3 fr. 50

— **Chasseur,** ou Traité général de toutes les chasses à courre et à tir, suivi d'un Vocabulaire des termes de Chasse et de la Législation, par MM. DE MERSAN, BOYARD et ROBERT. 1 vol. contenant la musique des principales fanfares. 3 fr.

— **Chaudronnier,** contenant l'Art de travailler au marteau le cuivre, la tôle et le fer-blanc, ainsi que les travaux d'Estampage et d'Etampage, par MM. JULLIEN, VALÉRIO et CASALONGA, ingénieurs civils. Nouvelle édition entièrement refondue et augmentée du *Tracé en chaudronnerie*, par Georges PETIT, ingén. civil. 1 vol. orné de

86 fig. dans le texte et accompagné d'un Atlas de 20 pl. 5 fr.

— **Chauffage et Ventilation** des Bâtiments publics et privés, au moyen de l'air chaud, de l'eau chaude et de la vapeur, Chauffage des Bains, des Serres, des Vins, et des Vagons de chemins de fer, par M. A. ROMAIN. 1 vol. accompagné de planches et orné de figures. 3 fr.

— **Chaufournier, Plâtrier, Carrier et Bitumier**, contenant l'exploitation des Carrières et la fabrication du Plâtre, des différentes Chaux, des Ciments, Mortiers, Bétons, Bitumes, Asphaltes, etc., par MM. D. MAGNIER et A. ROMAIN. Nouvelle édition. 1 vol. accompagné de planches. 3 fr. 50

— **Chemins de Fer**, contenant des études comparatives sur les divers systèmes de la voie et du matériel, le Formulaire des charges et conditions pour l'établissement des travaux, etc., par M. E. WITH. 2 vol. avec atlas 7 fr.

— **Cheval (Education et dressage du)** monté et attelé, traitant de son hygiène et des remèdes qui lui conviennent, par M. DE MONTIGNY. 1 vol. avec planches. 3 fr.

— **Chimie Agricole**, par MM. DAVY et VERGNAUD. 1 vol. orné de figures. (*En préparation.*)

— **Chimie analytique** (*En préparation*).

— **Chimie appliquée**, voyez *Produits chimiques*.

— **Chocolatier**, voyez *Confiseur et Chocolatier*.

— **Cidre et Poiré** (Fabricant de), traitant de la Culture et de la Greffe des meilleures variétés de fruits propres à faire le Cidre et le Poiré, ainsi que des Méthodes nouvelles et des Appareils perfectionnés employés dans cette industrie, par MM. DUBIEF, F. MALEPEYRE et le Comte DE VALICOURT. 1 vol. orné de figures. 3 fr.

— **Cirage**, voyez *Encres*.

— **Ciseleur**, contenant la description des procédés de l'Art de ciseler et repousser tous les métaux ductiles, bijouterie, orfèvrerie, armures, bronzes, etc., par M. Jean GARNIER, ciseleur-sculpteur. Nouvelle édition, revue, corrigée et augmentée, par C. CHOUARTZ, ciseleur. 1 vol. orné de 60 figures dans le texte. 3 fr.

— **Clichage** en matière et galvanique, voyez *Graveur*.

— **Coiffeur**, par M. VILLARET. 1 vol. orné de figures. (*En préparation*).

— **Colles** (Fabrication de toutes sortes de), comprenant celles de matières végétales, animales et composées, par MALEPEYRE. Nouvelle édition entièrement refondue par H. BERTRAN, ingénieur des Arts et Manufactures. 1 vol. orné de 114 figures dans le texte. 3 fr.

— **Coloriste,** contenant le mélange et l'emploi des Couleurs, ainsi que l'Enluminure, le Lavis, le coloriage à la main et au patron, etc., par MM. PERROT, BLANCHARD, THILLAYE et VERGNAUD. (*En préparation.*)

— **Commerce, Banque et Change,** contenant tout ce qui est relatif aux effets de Commerce, à la tenue des livres, à la comptabilité, à la bourse, aux emprunts, etc., par M. GALLAS, suivi de la MÉTHODE NOUVELLE POUR LE CALCUL DES INTÉRÊTS A TOUS LES TAUX (*En préparation*).

— **Compagnie** (Bonne), ou Guide de la Politesse et de la Bienséance, par madame CELNART (*En préparation*).

— **Comptes-Faits,** voyez *Calculateur, Poids et Mesures* (*Barème des*).

— **Confiseur et Chocolatier,** contenant les derniers perfectionnements apportés à ces Arts, par MM. CARDELLI et LIONNET-CLÉMANDOT. Nouvelle édition complètement refondue par M. A. M. VILLON, ingénieur-chimiste. 1 vol. avec nombreuses illustrations. 4 fr.

— **Conserves alimentaires,** voyez *Alimentation*.

— **Construction moderne** (La), ou Traité de l'Art de bâtir avec solidité, économie et durée, comprenant la Construction, l'histoire de l'Architecture et l'Ornementation des édifices, par BATAILLE, architecte, anc. professeur. Nouvelle édition, revue, corrigée et augmentée par N. CHRYSSOCHOÏDÈS. 1 vol. orné de 224 fig. dans le texte et accompagné d'un Atlas grand in-8° de 44 planches 15 fr.

— **Constructions agricoles,** traitant des matériaux et de leur emploi dans les Constructions destinées au logement des Cultivateurs, des Animaux et des Produits agricoles dans les petites, les moyennes et les grandes exploitations, par M. G. HEUZÉ, inspecteur de l'agriculture. 1 vol. accompagné d'un Atlas de 16 pl. grand in-8°. 7 fr.

— **Contre-Poisons,** ou Traitement des individus empoisonnés, asphyxiés, noyés ou mordus, par M. le Docteur H. CHAUSSIER. 1 vol. (*En préparation*).

— **Contributions Directes,** Guide des Contribuables, par M. BOYARD. (*En préparation.*)

— **Cordier,** contenant la culture des Plantes textiles, l'extraction de la Filasse, et la fabrication de toutes sortes de cordes et câbles, par G. LAURENT, ingénieur des Arts et Manufactures. 1 vol. orné de 115 figures. 3 fr. 50

— **Correspondance Commerciale,** par MM. REES-LESTIENNE et TRÉMERY. (*En préparation.*)

— **Corroyeur,** voyez *Tanneur*.

— **Couleurs** (Fabricant de) à l'huile et à l'eau, Laques, Couleurs hygiéniques, Couleurs fines, etc., par MM. Riffault, Vergnaud, Toussaint et Malepeyre. 2 volumes accompagnés de planches. 7 fr.

— **Coupe des Pierres,** contenant des notions de Géométrie élémentaire et descriptive, ainsi que l'art du Trait appliqué à la Stéréotomie, par MM. Toussaint et H. M.-M., architectes. Nouvelle édition, augmentée d'un Appendice sur le transport et le travail de la pierre, par Fromholt. 1 vol. avec Atlas. 5 fr.

— **Coutelier,** ou l'Art de faire tous les Ouvrages de Coutellerie, par Landrin, ingr civil. (*En préparation*).

— **Couvreur,** voyez *Plombier*.

— **Crustacés** (Hist. natur. des), par MM. Bosc et Desmarest, etc. 2 vol. ornés de planches. 6 fr.

— **Cubage des Bois** en grume ou écorcés au 1/4 et au 1/5 réduits, de 1m à 10m90 de longueur inclus, et de 0m40 à 4m de circonférence inclus ; donnant tous les cubes par fraction de 0m10 en 0m10 pour la longueur et de 0m05 en 0m05 pour la circonférence, et permettant d'obtenir les cubes de toutes longueurs, par G. Haudebert, ancien marchand de bois à Vendôme. 1 vol. 1 fr. 25

— **Cuisinier et Cuisinière.** (*En préparation.*)

— **Cultivateur Forestier,** contenant l'Art de cultiver en forêts tous les Arbres indigènes et exotiques, par M. Boitard. 2 vol. (*En préparation.*)

— **Cultivateur Français,** ou l'Art de bien cultiver les Terres et d'en retirer un grand profit, par M. Thiébaut de Berneaud. 2 vol. ornés de figures. 5 fr.

— **Dames,** ou l'Art de l'Elégance, traitant des Objets de toilette, d'ameublement et de voyage qui conviennent aux Dames, par madame Celnart. (*En préparation.*)

— **Danse,** ou Traité théorique et pratique de cet Art, contenant toutes les *Danses de Société* et la Théorie de la Danse théâtrale, par Blasis et Lemaitre. 1 vol. 1 fr. 25

— **Décorateur-Ornementiste.** (*En préparation.*)

— **Dessin Linéaire,** par M. Allain, entrepreneur de travaux publics. 1 vol. avec Atlas de 20 planches. 5 fr.

— **Dessinateur,** ou Traité complet du Dessin, par M. Boutereau, professeur. 1 volume accompagné d'un Atlas de 20 planches, dont quelques-unes coloriées. 5 fr.

— **Distillateur-Liquoriste,** contenant les Formules des Liqueurs les plus répandues, les parfums, substances colorantes, etc., par MM. Lebeaud, Julia de Fontenelle et Malepeyre. 1 gros volume. 3 fr. 50

— **Distillation de la Betterave, de la Pomme de terre**, du Topinambour et des racines féculentes, telles que la carotte, le rutabaga, l'asphodèle, etc., par HOURIER et MALEPEYRE. Nouvelle édition entièrement refondue par LARBALÉTRIER. 1 vol. accomp. de 3 pl. gravées sur acier. 3 fr.

— **Distillation des Grains et des Mélasses**, par MM. F. MALEPEYRE et ALB. LARBALÉTRIER. 1 vol accompagné d'un Atlas de 9 planches in-8°. 5 fr.

— **Distillation des Vins**, des Marcs, des Moûts, des Fruits, des Cidres, etc., par M. F. MALEPEYRE. Nouvelle édition revue, corrigée et considérablement augmentée par M. Raymond BRUNET, ingénieur-agronome. 1 vol. 3 fr.

— **Domestiques**, ou Art de former de bons serviteurs, par Mme CELNART. 1 vol. *(En préparation.)*

— **Dorure, Argenture, Nickelage, Platinage sur Métaux**, au feu, au trempé, à la feuille, au pinceau, au pouce et par la méthode électro-métallurgique, traitant de l'application a l'Horlogerie de la dorure et de l'argenture galvaniques, et de la coloration des Métaux par les oxydes métalliques et l'Electricité, par MM. MATHEY, MAIGNE, A. VILLON et Georges PETIT, ingénieur civil. 1 vol. orné de 36 figures dans le texte. 3 fr. 50

— **Dorure sur bois** à l'eau et à la mixtion, par les procédés anciens et nouveaux, traitant des Peintures laquées sur Meubles et sur Sièges, par M. SAULO. 1 vol. 1 fr. 50

— **Drainage simplifié.** (Voir *Agriculture*, p. 3.)

— **Eaux et Boissons Gazeuses**, ou Description des méthodes et des appareils les plus usités dans cette industrie, le bouchage des bouteilles et des siphons, la Gazéification des Vins, Bières et Cidres, etc. Nouv. édit. augmentée des Boissons angl. et améric., par L. GASQUET, Ingénieur des Arts et Manufactures, et JARRE, Ingénieur. 1 vol. orné de 140 fig. dans le texte. 4 fr.

— **Eaux-de-Vie (Négociant en)**, Liquoriste, Marchand de Vins et Distillateur, par MM. RAVON et MALEPEYRE. Nouvelle édition revue, corrigée et augmentée par RAYMOND BRUNET, ingénieur-agronome, 1 vol. 1 fr.

— **Ebéniste et Tabletier**, traitant des Bois, de leur Teinture et de leur Apprêt, de l'Outillage, du Débitage des bois de placage, de la fabrication et de la réparation des Meubles de tout genre et du travail de la Tabletterie, par MM. NOSBAN et MAIGNE. 1 vol orné de figures et accompagné de planches. 3 fr. 50

— **Electricité atmosphérique** (voir *Electricité*).

— **Electricité médicale,** ou Eléments d'Electro-Biologie, suivi d'un Traité sur la Vision, par M. Smee, traduit par M. Magnier. 1 vol. orné de figures. 3 fr.

— **Electricité,** contenant théorie, pratique et applications diverses, par G. Petit, Ingénieur civil, 2 vol. ornés de 285 figures dans le texte. 8 fr.

— **Encres (Fabricant d')** de toute sorte, telles que Encres d'écriture, Encres à copier, Encres d'impression typographique, lithographique et de taille douce, Encres de couleurs, Encres sympathiques, etc., suivi de la *Fabrication des Cirages* et de l'*Imperméabilisation des Chaussures*, par MM. de Champour, F. Malepeyre et A. Villon. 1 v. 3 fr. 50

— **Engrais** (Fabrication et application des) animaux, végétaux et minéraux et des Engrais chimiques, ou Traité théorique et pratique de la nutrition des plantes, par MM. Eug. et Henri Landrin et M. Alb. Larbalétrier. 1 vol. orné de figures. 3 fr.

— **Enregistrement** (voir page 32, *Précis*).

— **Entomologie élémentaire,** ou Entretiens sur les Insectes en général, mis à la portée de la jeunesse, par M. Boyer de Fonscolombe. (*En préparation.*)

— **Epistolaire (Style),** Choix de lettres puisées dans nos meilleurs auteurs et Instructions sur le style, par Biscarrat et la comtesse d'Hautpoul (*En préparation*).

— **Equarrisseur,** voyez *Charcutier.*

— **Equitation,** traitant du manège civil, du manège militaire, de l'Equitation des Dames, etc., par MM. Vergnaud et d'Attanoux. 1 vol. orné de figures. 3 fr.

— **Escaliers en Bois** (Construction des), traitant de la manipulation et du posage des Escaliers à une ou plusieurs rampes, de tous les modèles et s'adaptant à toutes les constructions, par M. Boutereau. 1 vol. et Atlas grand in-8° de 20 planches gravées sur acier. 5 fr.

— **Escrime,** ou Traité de l'Art de faire des armes, par M. Lafaugère. 1 vol. orné de figures. 2 fr. 50

— **Etat Civil** (Officier de l'), traitant de la Tenue des Registres et de la Rédaction des Actes, par M. Lemolt. (*En préparation.*)

— **Etoffes imprimées et Papiers peints** (Fabricant d'). (*En préparation.*)

— **Falsifications des Drogues** simples ou composées, moyens de les reconnaître, par M. Pédroni, chimiste. 1 vol. avec planche. (*En préparation.*)

— **Ferblantier-Lampiste,** ou Art de confectionner tous les Ustensiles en fer-blanc, de les souder, de les réparer, etc., suivi de la fabrication des Lampes et des Appareils d'éclairage, par MM. LEBRUN, MALEPEYRE et A. ROMAIN. Nouv. édit. complètement refondue par G. PETIT, ingén. civ., 1 vol. orné de 178 fig. dans le texte. 4 fr.

— **Fermier.** — Voir *Agriculteur*, page 3.

— **Filature du Coton,** contenant la description des Métiers à filer le coton, diverses formules pour apprécier la résistance des Appareils mécaniques, et un Traité des engrenages, par M. DRAPIER. (*En préparation.*)

— **Filetage,** contenant Méthode très pratique permettant à tout ouvrier tourneur de trouver toutes les roues nécessaires pour reproduire tous les pas : métriques, périodiques, bâtards et anglais, avec n'importe quelle vis-mère, par G. BARATTE, ouvrier mécanicien. 1 vol. 1 fr.

— **Fleuriste artificiel et Feuillagiste,** ou l'Art d'imiter toute espèce de Fleurs, de Feuillage et de Fruits, par Mme CELNART. 1 vol. orné de 50 figures. 3 fr.

On peut se procurer des *modèles coloriés*, dessinés d'après nature, par REDOUTÉ. La planche : 1 fr.

— **Fondeur,** traitant de la Fonderie du fer, de l'acier, du cuivre, du bronze et du laiton, de la fonte des statues, des cloches, etc., par MM. A. GILLOT et L. LOCKERT, ingénieurs. Nouvelle édition revue, corrigée et augmentée par N. CHRYSSOCHOÏDÈS, ingénieur des Arts et Manufactures. 2 vol. ornés de 253 figures dans le texte. 8 fr.

— **Fontainier,** voy. *Mécanicien-Fontainier, Sondeur.*

— **Forestier praticien** (le) et Guide des Gardes Champêtres (Voir *Cultivateur forestier, Gardes champêtres).*

— **Forgeron, Maréchal, Taillandier,** voyez *Charron, Machines-Outils, Serrurier.*

— **Forges** (Maître de), ou Traité théorique et pratique de l'Art de travailler le fer, la fonte et l'acier. Nouv. édit. par N. CHRYSSOCHOÏDÈS, ing. des Arts et Manufactures, 2 vol. ornés de 312 fig. dans le texte. 9 fr.

— **Galvanoplastie,** ou Traité complet des Manipulations électro-métallurgiques, contenant tous les procédés les plus récents et les plus usités, par M. A. BRANDELY. Nouvelle édition revue et corrigée par G. PETIT, ingén. civil. 2 vol. ornés de 81 figures. 7 fr.

— **Gants** (Fabricant de), voyez *Chamoiseur.*

— **Gardes Champêtres, Gardes Forestiers, Gardes-Pêche, et Gardes-Chasse,** par M. BOYARD, anc. prés. à la C. d'Orléans, M. VASSEROT, anc. sous-préfet, M. V. EMION et M. L. CREVAT, juges de paix, 1 vol. 2 fr. 50

— **Gardes-Malades,** et personnes qui veulent se soigner elles-mêmes, par M. le docteur MORIN. 1 vol. 2 fr. 50

— **Gaz** (Appareilleur à), voyez *Plombier.*

— **Gaz** (Eclairage et Chauffage au), ou Traité élémentaire et pratique destiné aux Ingénieurs, aux Directeurs et aux Contre-Maîtres d'Usines à Gaz, mis à la portée de tout le monde, suivi d'un *Aide-Mémoire de l'Ingénieur-Gazier*, par M. D. Magnier, ingénieur-gazier. Nouvelle édition corrigée, augmentée et entièrement refondue, par E. Bancelin, ancien élève de l'Ecole polytechnique, ancien sous-régisseur d'usine de la Cie Parisienne du Gaz. 2 vol. ornés de 322 figures dans le texte. 8 fr.

On a extrait de ce Manuel l'ouvrage suivant :

Aide-Mémoire de l'Ingénieur-Gazier, contenant les Notions et les Formules nécessaires aux personnes qui s'occupent de la Fabrication et de l'Emploi du Gaz. Br. in-18. 75 c.

— **Géographie de la France**, divisée par bassins, par M. Loriol (*Autorisé par l'Université*). 1 vol. 2 fr. 50

— **Géographie physique**, ou Introduction à l'étude de la Géologie, par M. Huot. 1 vol. (*En préparation.*)

— **Géologie**, ou Traité élémentaire de cette science, par MM. Huot et d'Orbigny. 1 vol. (*En préparation.*)

— **Gourmands**, ou l'Art de faire les honneurs de sa table, par Cardelli. (*En préparation.*)

— **Graveur**, ou Traité complet de la Gravure en creux et en relief, Eau-forte, Taille douce, Héliogravure, Gravure sur bois et sur métal, Photogravure, Similigravure, Procédés divers, Clichage des gravures en plomb et en galvanoplastie, Fabrication des Cartes à jouer, Gravure de la musique, etc., par M. Villon. 2 vol. orn. de fig. 6 fr.

— **Greffes** (Monographie des), ou Description des diverses sortes de Greffes employées pour la multiplication des végétaux. (*En préparation.*) — Voir *Jardinage*, p. 3.

— **Gymnastique**, par M. le colonel Amoros. (*Ouvrage couronné par l'Institut, admis par l'Université, etc.*) 2 vol. et Atlas. 10 fr. 50

— **Habitants de la Campagne** (Voir *Agriculteur*, page 3).

— **Histoire naturelle médicale et de Pharmacographie**, ou Tableau des Produits que la Médecine et les Arts empruntent à l'Histoire naturelle, par M. Lesson, ancien pharmacien de la marine à Rochefort. (*En préparation.*)

— **Horloger**, comprenant la Construction détaillée de l'Horlogerie ordinaire et de précision, et, en général, de toutes les machines propres à mesurer le temps ; par Lenormand, Janvier et Magnier, revu par L. S.-T. Nouvelle édition entièrement refondue et augmentée de l'Horlogerie Electrique, l'Horlogerie Pneumatique et la Boîte à Musique, par E. STAHL. 2 vol. accompagnés d'un Atlas de 15 planches. 7 fr.

— **Horloger-Rhabilleur,** traitant du rhabillage et du réglage des Montres et des Pendules, augmenté de : **Corrélation du Pendule au rochet** avec le levier de la Force motrice. Etude mécanique appliquée à l'Horlogerie, par M. J.-E. PERSEGOL. 1 vol. orné de 59 fig. 2 fr. 50

On vend séparément :

CORRÉLATION DU PENDULE AU ROCHET. 50 c.

— **Huiles minérales,** leur Fabrication et leur Emploi à l'Eclairage et au Chauffage, par D. MAGNIER, ingénieur. Nouvelle édition par N. CHRYSSOCHOÏDÈS. 1 vol. orné de 70 figures. 4 fr.

— **Huiles végétales et animales** (Fabricant et Epurateur d'), comprenant la Fabrication des Huiles et les méthodes les plus usuelles de les essayer et de reconnaître leur sophistication, par J. DE FONTENELLE, F. MALEPEYRE et AD. DALICAN. Nouvelle édition revue, corrigée et augmentée par N. CHRYSSOCHOÏDÈS, ingénieur des arts et manufactures. 2 vol. ornés de 190 fig. dans le texte. 7 fr.

— **Hydroscope,** voyez *Sondeur.*

— **Hygiène,** ou l'Art de conserver sa santé, par le docteur MORIN. 1 vol. *(En préparation.)*

— **Indiennes** (Fabricant d'), renfermant les Impressions des Laines, des Châles et des Soies, par MM. THILLAYE et VERGNAUD. 1 vol. accompagné de planches. (*En préparation*).

— **Instruments de Chirurgie** (Fabricant d'), par M. H.-C. LANDRIN. (*En préparation.*)

— **Irrigations et assainissement des Terres,** ou Traité de l'emploi des Eaux en agriculture, par M. le Marquis DE PARETO, 3 vol. accompagnés de deux Atlas composés de 40 planches in-folio et de tableaux. *(En prép.)*

— **Jeunes gens,** ou Sciences, Arts et Récréations qui leur conviennent, par M. VERGNAUD. (*En préparation.*)

— **Jeux d'Adresse et d'Agilité,** contenant les Jeux et les Récréations d'intérieur et en plein air, à l'usage des enfants, des jeunes gens et des jeunes filles de tout âge, et des grandes personnes, par DUMONT. 1 vol. orné de figures (*En préparation*).

— **Jeux de Calcul et de Hasard.** (*En prép.*)

— **Jeux de Cartes,** tels que l'Ecarté, le Piquet, le Whist, la Bouillotte, le Bésigue, le Trente et un, le Baccarat, le Lansquenet, etc. 1 vol. (*En préparation.*)

— **Jeux de Société,** renfermant les Rondes enfantines, les Jeux innocents, les Pénitences, les Jeux d'esprit, les Jeux de Salon les plus en usage dans les réunions intimes, par Madame Celnart. 1 vol. (*En préparation.*)

— **Justices de Paix,** ou Traité des Compétences et Attributions tant anciennes que nouvelles, en toutes matières, par M. Biret. (*En préparation.*)

— **Laiterie,** ou Traité de toutes les méthodes en usage pour traiter et conserver le Lait, faire le Beurre, confectionner les Fromages français et étrangers, et reconnaître les Falsifications de ces substances alimentaires, par M. Maigne. 1 vol. orné de figures. 3 fr.

— **Lampiste,** voyez *Ferblantier.*

— **Langage** (Pureté du), par M. Blondin (*En prép.*).

— **Langage** (Pureté du), par MM Biscarrat et Boniface. 1 vol. (*En préparation.*)

— **Levure (Fabricant de),** traitant de sa composition chimique, de sa production et de son emploi dans l'industrie, principalement dans la Brasserie, la Distillation, la Boulangerie, la Pâtisserie, l'Amidonnerie, la Papeterie, par F. Malepeyre. Nouvelle édition revue et corrigée par R. Brunet, ingénr agronome. 1 vol. orné de fig. 2 fr 50

— **Limonadier,** Glacier, Cafetier et Amateur de thés, contenant la fabrication de la Glace et des Boissons frappées ou rafraîchissantes, par Chautard et Julia de Fontenelle. Nouvelle édition entièrement refondue par Chryssochoïdès, ingénieur des Arts et Manufactures. 1 vol. orné de 76 figures dans le texte. 3 fr.

— **Linotypie,** *la Linotype à la portée de tous*, contenant description, fonctionnement, avaries et réparations, instructions aux opérateurs, par H. Giraud, mécanicien-électricien au journal *La Dépêche de Brest*, 1 vol. orné de 36 figures. 1 fr. 50

— **Liquides (Amélioration des),** tels que Vins, Alcools, Spiritueux divers, Liqueurs, Cidres, Bières, Vinaigres. Laits, par V.-F. Lebeuf ; 6e éd., entièrement refondue, par le Dr E. Varenne I. P. ✿, ancien distillateur, négociant en vins et spiritueux, membre de la commission extraparlementaire de l'alcool, etc., rédacteur scientifique à la *Revue Vinicole*, 1 vol. 3 fr.

— **Lithographe** (Imprimeur et Dessinateur), traitant de l'Autographie, la Lithographie mécanique, la Chromolithographie, la Lithophotographie, la Zincographie, et des procédés nouveaux en usage dans cette industrie, par M. Villon. 2 volumes et Atlas in-18. 9 fr.

— **Littérature** à l'usage des deux sexes, par madame d'Hautpoul. 1 vol. 1 fr. 75

— **Locomotion mécanique,** voyez *Vélocipédie et Automobiles.*

— **Luthier,** ou Traité de la construction des Instruments à cordes et à archet, tels que le Violon, l'Alto, le Violoncelle, la Contrebasse, la Guitare, la Mandoline, la Harpe, les Monocordes, la Vielle, etc., traitant de la Fabrication des Cordes harmoniques en boyau et en métal, par MM. Maugin et Maigne. Nouvelle édition suivie du mémoire sur la construction des instruments à cordes et à archet, par F. Savart. 1 vol. avec fig. et planches. 3 fr. 50

— **Machines à Vapeur** appliquées à la Marine, par M. Janvier. 1 vol. avec planches. (*En préparation.*)

— **Machines Locomotives** (Constructeur de), par M. Jullien, ingénieur civil (*En préparation*).

— **Machines-Outils** employées dans les usines et ateliers de construction, pour le Travail des Métaux, par M. Chrétien. Voir page 32.

— **Maçon, Stucateur, Carreleur et Paveur,** contenant l'emploi, dans ces industries, des matières calcaires et siliceuses, ainsi que la construction des Bâtiments de ville et de campagne, et les méthodes de Pavage expérimentées dans les grandes villes, par MM. Toussaint, D. Magnier, G. Picat et A. Romain. 1 vol. orné de figures et accompagné de 6 planches. 3 fr. 50

— **Maires, Adjoints, Conseillers et Officiers municipaux,** rédigé *par ordre alphabétique*, par M Ch. Vasserot, ancien adjoint. (*En préparation*).

— **Maître d'Hôtel,** ou Traité complet des menus, mis à la portée de tout le monde, par M. Chevrier. 1 vol. orné de figures. (*En préparation.*)

— **Maîtresse de Maison,** ou Conseils et Recettes sur l'Economie domestique, par Mme Laurent. 1 vol. (*En préparation.*)

— **Mammalogie,** ou Histoire naturelle des Mammifères, par M. Lesson. (*En préparation.*)

— **Marbrier,** contenant Etude et Travail des Marbres, série des Prix, Vocabulaire, et donnant les Modèles les plus variés de Monuments funèbres, Chambranles, Cheminées, etc., par Henry Guédy, architecte. 1 vol. et atlas grand in-8° de 20 planches, gravées sur acier. 7 fr.

— **Marine,** Gréement, manœuvre du Navire et Artillerie, par M. Verdier. 2 vol. ornés de figures. 5 fr.

— **Maroquinier,** voyez *Chamoiseur.*

— **Marqueteur et Ivoirier,** traitant de la fabrication des meubles et des objets meublants en marqueterie et en incrustation, de la Tabletterie-Ivoirerie, du travail de l'Ivoire, de l'Os, de la Corne, de la Baleine, de la Nacre, de l'Ambre, etc., par MM. MAIGNE et ROBICHON. 1 vol. orné de figures. 3 fr. 50

— **Mathématiques appliquées,** Notions élémentaires sur les Lois du mouvement des corps solides, de l'Hydraulique, de l'Air, du Son, de la Lumière, des Levés de terrains et nivellement, du Tracé des Cadrans solaires, etc., par RICHARD. (*En préparation.*)

— **Mécanicien-Fontainier,** comprenant la Conduite et la Distribution des Eaux, le mesurage aux Compteurs et à la Jauge, la Filtration, la fabrication des Robinets, des Fontaines, des Bornes, des Bouches d'eau, des Garde-robes, etc., par MM. BISTON, JANVIER, MALEPEYRE et A. ROMAIN. 1 vol. avec figures et planches. 3 fr. 50

— **Mécanique,** ou Exposition élémentaire des lois de l'Equilibre et du Mouvement des Corps solides, par M. TERQUEM. (*En préparation*). (Voir *Ajusteur-Mécanicien*).

— **Médecine et Chirurgie domestiques,** contenant les moyens les plus simples et les plus rationnels pour la guérison de toutes les maladies, par M. le docteur MORIN. (*En préparation.*)

— **Mégissier,** voyez *Chamoiseur*.

— **Menuisier en bâtiments, Layetier-Emballeur,** traitant des Bois employés dans la menuiserie, de l'Outillage, du Trait, de la construction des Escaliers, du Travail du Bois, etc., par MM. NOSBAN et MAIGNE. 2 vol. accompagnés de planches et ornés de figures. 6 fr.

— **Métaux** (Travail des), voyez *Machines-Outils*, *Tourneur*, *Charron*, *Chaudronnier*, *Ferblantier*.

— **Meunier, négociant en grains et constructeur de moulins,** par N. CHRYSSOCHOÏDÈS, 2 vol. ornés de 140 figures dans le texte 7 fr.

— **Microscope** (Observateur au). Description du Microscope et ses diverses applications, par M. F. DUJARDIN, ancien professeur à la Faculté des Sciences de Rennes. 1 vol. avec Atlas de 30 planches. 10 fr. 50

— **Minéralogie,** ou Tableau des Substances minérales, par M. HUOT (*En préparation*).

— **Mines (Exploitation des).**

2e *partie*, MÉTAUX PRÉCIEUX ET INDUSTRIELS, SOUFRE, SEL, DIAMANT, par M. L. KNAB, ingénieur. 1 vol. avec pl. 3 fr. 50

— **Miniature,** voyez *Peinture à l'Aquarelle.*

— **Morale,** ou Droits et Devoirs dans la Société. 1 volume. (*En préparation.*)

— **Morale (La)** de l'Enfance, par le vicomte DE MOREL-VINDÉ. 1 vol. in-18 cartonné. (*En préparation.*)

— **Moraliste,** ou Pensées et Maximes instructives pour tous les âges de la vie, par M. TREMBLAY. 2 vol. 5 fr

— **Mouleur,** ou Art de mouler en Plâtre, au Ciment, à l'argile, à la cire, à la gélatine, traitant du Moulage du carton, du carton-pierre, du carton-cuir, du carton-toile, du bois, de l'écaille, de la corne, de la baleine, du celluloïd, etc., contenant le moulage et le clichage des médailles, par MM. LEBRUN, MAGNIER, ROBERT et DE VALICOURT. 1 vol. orné de figures. 3 fr. 50

— **Moutardier,** voyez *Vinaigrier.*

— **Musique** : SOLFÈGES, MÉTHODES

Méthode de Trompette et Trombone. . . . » 75	Méthode de Harpe.. . 3 50
	Méthode de Cor anglais 1 75

— **Mythologies.** (*En préparation.*)

— **Naturaliste préparateur,** 1re *partie* : Classification, Recherche des Objets d'histoire naturelle et leur emballage, Disposition et Conservation des Collections, par M. BOITARD. 1 vol. orné de figures. 3 fr.

— *Seconde partie* : Art de préparer et d'empailler les Animaux, de conserver les Végétaux et les Minéraux, de préparer les Pièces d'Anatomie normale et d'embaumer les corps, par MM. BOITARD et MAIGNE. 1 vol. orné de figures. 3 fr. 50

— **Navigation,** contenant la manière de se servir de l'Octant et du Sextant, les méthodes usuelles d'astronomie nautique, suivi d'un Supplément contenant les méthodes de calcul exigées des candidats au grade de Maître au cabotage, par M. GIQUEL, professeur d'hydrographie. (*En préparation*).

*— **Numismatique ancienne,** par M. A. DE BARTHÉLEMY, Membre de l'Institut. 1 gros vol. accompagné d'un Atlas renfermant 12 planches. 7 fr.

*— **Numismatique moderne et du moyen âge,** par M. AD. BLANCHET. 3 vol accompagnés d'un Atlas renfermant 14 planches. 15 fr.

— **Oiseaux (Eleveur d'),** ou Art de l'Oiselier, contenant la Description des principales espèces d'Oiseaux indigènes et exotiques susceptibles d'être élevés en captivité; leur nourriture, leur reproduction, leurs maladies, etc., par M. G. Schmitt. 1 vol. 1 fr. 75

— **Oiseleur**, ou Secrets anciens et modernes de la Chasse aux Oiseaux, traitant de la Fabrication et de l'emploi des Filets et des Pièges, par J. G. et Conrard. 1 vol. orné de planches et de 48 figures dans le texte. Nouvelle édition. 3 fr. 50

— **Organiste**, contenant l'expertise de l'Orgue, sa description, la manière de l'entretenir et de l'accorder soi-même, suivi de Procès-verbaux pour la réception des Orgues de toute espèce et d'un dictionnaire des termes employés dans la facture d'orgues, par J. Guédon. 1 vol. orné de 94 figures dans le texte. 3 fr.

— **Orgues** (Facteur d'), ou Traité théorique et pratique de l'Art de construire les Orgues, contenant le travail de Dom Bédos et les perfectionnements de la facture jusqu'à nos jours, par Hamel. Nouvelle édition revue et augmentée d'un Appendice donnant les nouveautés apportées dans la fabrication depuis la dernière édition, par J. Guédon. 1 vol. grand in-8 jésus, orné de 64 fig. dans le texte et accompagné d'un Atlas de 43 planches. 20 fr.

— **Ornithologie**, ou Description des genres et des principales espèces d'oiseaux, par M. Lesson (*En prépar.*).

Atlas d'Ornithologie, composé de 129 planches représentant la plupart des oiseaux décrits dans l'ouvrage ci-dessus (*En préparation*).

— **Paléontologie**, ou des Lois de l'organisation des êtres vivants comparées à celles qu'ont suivies les Espèces fossiles et humatiles dans leur apparition successive; par M. Marcel de Serres, professeur à la Faculté des Sciences de Montpellier. 2 vol. avec Atlas. 7 fr.

— **Papetier et Régleur**, traitant de ces arts et de toutes les industries annexes du commerce de détail de la Papeterie, par Julia de Fontenelle et Poisson (*En préparation*).

— **Papiers de Fantaisie**, (Fabricant de), Papiers marbrés, jaspés, maroquinés, gaufrés, dorés, etc.; Peau d'âne factice, Papiers métalliques, par Fichtenberg (*En préparation.*)

— **Parcheminier**, voyez *Chamoiseur*.

— **Parfumeur**, ou Traité complet de toutes les branches de la Parfumerie, contenant les procédés nouveaux, employés en France, en Angleterre et en Amérique, à l'usage des chimistes-fabricants et des ménages, par MM. PRADAL, F. MALEPEYRE et A. VILLON. 2 vol. ornés de figures. Nouvelle édition corrigée, augmentée et entièrement refondue, par M. A.-M. VILLON, ingénieur-chimiste. 6 fr.

— **Patinage** et Récréations sur la Glace, par M. PAULIN-DÉSORMEAUX. 1 vol. orné de 4 planches. 1 fr. 25

— **Pâtes alimentaires**, voyez *Amidonnier*.

— **Pâtissier**, ou Traité complet et simplifié de Pâtisserie de ménage, de boutique et d'hôtel, par M. LEBLANC. 1 volume orné de figures. 3 fr.

— **Paveur et Carreleur**, voyez *Maçon*.

— **Pêcheur**, ou Traité général de toutes les pêches *d'eau douce et de mer*, contenant l'histoire et la pêche des animaux fluviatiles et marins, les diverses pêches à la ligne et aux filets en rivière et en mer, etc., par PESSON-MAISONNEUVE et MORICEAU. Nouvelle édition entièrement refondue par G. PAULIN. 1 vol. orné de 207 fig. dans le texte. 3 fr. 50

— **Pêcheur-Praticien**, ou les Secrets et les Mystères de la Pêche à la ligne dévoilés, par M. LAMBERT. Nouvelle édition, par L. JAILLANT. 1 vol. orné de 96 figures dans le texte. 1 fr. 50

— **Peintre d'histoire et Sculpteur**, ouvrage dans lequel on traite de la philosophie de l'Art et des moyens pratiques, par M. ARSENNE, peintre. (*En préparation.*)

— **Peintre d'histoire naturelle**, contenant des notions générales sur le dessin, le clair-obscur, l'effet des couleurs, par M. DUMÉNIL. (*En préparation.*)

— **Peintre en Bâtiments**, Vernisseur et Vitrier, traitant de l'emploi des Couleurs et des Vernis pour l'assainissement et la décoration des habitations, de la pose des Papiers de tenture et du Vitrage, par RIFFAULT, VERGNAUD, TOUSSAINT et F. MALEPEYRE. Nouvelle édition revue et augmentée du Peintre d'enseignes, de la Pose des vitraux, etc. 1 vol. orné de 44 figures. 3 fr.

— **Peintre-Décorateur de théâtre**, par Gustave COQUIOT, 1 vol. orné de 50 figures. 3 fr.

— **Peintre de Lettres**, chiffres, attributs, armoiries, sous-verre, par VÉDÈRE, 1 vol. in-8° contenant 40 planches de modèles. 10 fr.

— **Peintre en Voitures**, par V. THOMAS, maître de conférences à la Faculté des Sciences de Rennes. 1 vol. orné de 54 figures. 3 fr.

— **Peinture à l'Aquarelle**, Gouache, Miniature, Peinture à la cire, Peintures orientales, procédé Raffaëlli, etc. Nouvelle édition. par Henry Guédy. 1 vol. 3 fr.

— **Peinture sur Verre, Porcelaine, Faïence et Email**, traitant de la décoration de ces matières, ainsi que de la fabrication des Emaux et des Couleurs vitrifiables et de l'Emaillage sur métaux précieux ou communs et sur terre cuite, par MM. Reboulleau, Magnier et Romain. 1 vol. avec fig. Nouv. édit. revue par H. Bertran. 3 fr. 50

— **Peinture et Vernissage des Métaux et du Bois**, traitant des Couleurs et des Vernis propres à décorer les Métaux et les Bois, de l'imitation sur métal des bois indigènes et exotiques, de l'ornementation des Articles de ménage et des Objets de fantaisie, suivi de l'imitation des Laques du Japon sur menus articles, par MM. Fink et Lacombe. 1 vol. orné de figures. 2 fr.

— **Pelletier-Fourreur et Plumassier**, traitant de l'apprêt et de la conservation des Fourrures et de la préparation des Plumes, par M. Maigne. 1 vol. orné de figures. 2 fr. 50

— **Perspective** appliquée au Dessin et à la Peinture, par M. Vergnaud. 1 vol. accompagné de planches. 3 fr.

— **Pharmacie Populaire**, simplifiée et mise à la portée de toutes les classes de la société, par M. Julia de Fontenelle (*En préparation*).

— **Photographie** sur Métal, sur Papier et sur Verre, contenant toutes les découvertes les plus récentes, par M. de Valicourt. 2 vol. avec planche. (*En préparation*).

— Supplément à la Photographie sur Papier et sur Verre, par M. G. Huberson. 1 vol. 3 fr.

— **Photographie** (Répertoire de), Formulaire complet de cet Art, par M. de Latreille. (*En préparation.*)

— **Physicien-Préparateur**, ou Description des Instruments de Physique et leur Emploi dans les Sciences et dans l'Industrie, par MM. Ch. Chevalier et le docteur Fau. (*En préparation.*)

— **Physiologie végétale**, Physique, Chimie et Minéralogie appliquées à la culture, par M. Boitard. 1 vol. orné de planches. 3 fr.

— **Plain-Chant ecclésiastique.** (*En préparation.*)

— **Plâtrier**, voyez *Chaufournier*, *Maçon*.

— **Plombier, Zingueur, Couvreur, Appareilleur à Gaz,** contenant la fabrication et le travail du Plomb et du Zinc et la manière de les souder, la Couverture des Constructions et l'Installation des Appareils et des Compteurs à Gaz, par M. Romain. Nouvelle édition, refondue, corrigée et augmentée, suivie de la *Série des Prix*, par N. Chryssochoïdès, 1 vol. orné de 266 figures dans le texte. 4 fr.

— **Poêlier-Fumiste,** traitant de la construction des Cheminées de tous modèles, des Fourneaux et des Poêles en terre, de l'agencement et de la Tuyauterie des Fourneaux en maçonnerie et des Poêles en terre, en fonte et en tôle, et du Ramonage des divers appareils de Chauffage, par MM. Ardenni, J. de Fontenelle, F. Malepeyre et A. Romain, 1 vol. orné de figures. 3 fr.

— **Poids et Mesures,** à l'usage des Médecins, etc. Brochure in-18. 25 c.

— **Poids et Mesures,** Comptes faits ou Barême général des Poids et Mesures, par M. Achille Nouhen. *Ouvrage divisé en cinq parties qui se vendent séparément.*

1re partie, Mesures de Longueur *(En préparation).*
2e partie, — de Surface. 60 c.
3e partie, — de Solidité *(En préparation).*
4e partie, Poids *(En préparation).*
5e partie, Mesures de Capacité *(En préparation).*

— **Poids et Mesures** (Barême complet des), avec conversion facile de l'ancien système au nouveau, par M. Bagilet. 1 vol. 3 fr.

— **Poids et Mesures** (Fabrication des). *Voir Potier d'étain.*

— **Police de la France.** *(En préparation.)*

— **Pompes (Fabricant de)** de tous les systèmes, rectilignes, centrifuges, à diaphragme, à vapeur, à incendie, d'épuisement, de mines, de jardins, etc., traitant des principales Machines élévatoires autres que les Pompes, par MM. Janvier, Biston et A. Romain. 1 vol. orné de figures et accompagné de planches. 3 fr. 50

— **Ponts et Chaussées** : *Première partie*, Routes et Chemins, par M. de Gayffier, ingénieur en chef des Ponts et Chaussées. 1 vol. avec planches. 3 fr. 50

— *Seconde partie*, Ponts et Aqueducs en maçonnerie, par M. de Gayffier, 1 vol. avec planches. 3 fr. 50

— *Troisième partie*, Ponts en bois et en fer, par M. A. Romain. 1 vol. avec figures et planches. 3 fr. 50

— **Porcelainier, Faïencier, Potier de Terre,** contenant des notions pratiques sur la fabrication des Grès cérames, des Pipes, des Boutons, des Fleurs en porcelaine et des diverses Porcelaines tendres, par D. MAGNIER, ingénieur civil. Nouvelle édition revue et augmentée par BERTRAN, Ingénieur des Arts et Manufactures. 1 vol. orné de 148 figures dans le texte. 4 fr.

— **Potier d'Etain** et de la fabrication des **Poids et Mesures**, contenant la fabrication de la poterie d'Etain, Etains d'art ; poids et mesures de tous genres, balances, bascules, alcoomètres. Nouvelle édition par G. LAURENT, ingénieur des Arts et Manufactures. 1 vol. orné de 227 figures dans le texte. 4 fr.

— **Prestidigitation** (de), Traité complet de Tours de cartes à l'usage des gens du monde, par Roger BARBAUD, Officier de la Légion d'honneur. 1 vol. orné de 75 figures. 2 fr. 50

— **Produits chimiques** (Fabricant de), formant un Traité de Chimie appliquée aux Arts, à l'Industrie et à la Médecine, par M. G. E. LORMÉ. 4 gros volumes et Atlas de 16 planches grand in-8°. (*En préparation*).

— **Propriétaire, Locataire** et Sous-Locataire, des biens de ville et des biens ruraux ; rédigé *par ordre alphabétique*, par MM. SERGENT et VASSEROT. 1 vol. 2 fr. 50

— **Puisatier**, voyez *Sondeur*.

— **Relieur** en tous genres, contenant les Arts de l'Assembleur, du Satineur, du Brocheur, du Rogneur, du Cartonneur et du Doreur, par MM. Séb. LENORMAND et W. MAIGNE. 1 vol. avec figures et planches. 3 fr. 50

— **Roses** (Amateur de), leur Histoire et leur Culture, par M. BOITARD. (*En préparation.*)

— **Sapeur-Pompier** (Nouveau Manuel *complet* du), composé par une commission d'officiers du Régiment de *Paris* et de la *Province*, publié par *Ordre* du *Ministère de l'Intérieur*. Edition entierement refondue d'après le nouveau materiel de la Ville de Paris. 1 vol. orné de 140 fig. dans le texte. Broché . . . . 3 fr. 50

Cartonné avec la couverture imprimée. . . . 3 fr. 85

— **Sapeur-Pompier** (Nouveau Manuel *abrégé* du) composé par une commission d'officiers du Régiment de Paris et de la Province, publié par *ordre* du *Ministère de l'Intérieur*. Edition abrégée entièrement refondue, extraite du Nouveau Manuel complet. 1 vol. orné de nombreuses figures dans le texte. Broché. . . . . 2 fr.

Cartonné avec la couverture imprimée. . . . 2 fr. 25

— **Sapeurs-pompiers** (Théorie des), extraite du nouveau Manuel complet du Sapeur-Pompier composé par une commission d'officiers du Régiment de Paris et de la Province.

Edition entièrement refondue, contenant les manœuvres de la Pompe à bras et des Echelles, d'après le nouveau matériel de la Ville de Paris. 1 vol. orné de nombreuses figures dans le texte. Broché . . . . 75 c.

Cartonné avec la couverture imprimée. . . . . 85 c.

— **Sapeurs-Pompiers** (*Manuel des Concours*) (Fédération nationale des Sapeurs-Pompiers français). 1 vol. orné de 77 fig. dans le texte, br. 2 fr. 50 ; — *Franco*, 2 fr. 75

Cartonné avec la couverture imprimée, 2 fr. 85 ; — *Franco*. 3 fr. 10

— **Sapeurs-Pompiers**, manuel des premiers secours par le Dr Ch. Le Page. 1 vol. in-16 orné de 83 illust. dans le texte 2 fr.

— **Sapeurs-Pompiers**, voir Service d'Incendie dans les Villes et les Campagnes et page 32 : Incendies.

— **Sauvetage** dans les Incendies, les Puits, les Puisards, les Fosses d'aisances, les Caves et Celliers, les Accidents en rivière et les Naufrages maritimes, par M. W. Maigne. 1 vol. orné de vignettes et de planches. (*En préparation*).

— **Savonnier**, ou Traité de la Fabrication des Savons, contenant des notions sur les Alcalis et les corps gras saponifiables, ainsi que les procédés de fabrication et les appareils en usage dans la Savonnerie, par M. E. Lormé. 3 vol. accompagnés de planches. 9 fr.

— **Sculpture sur bois**, contenant l'Outillage et les moyens pratiques de Sculpture, les Styles de l'Ornementation, l'Art de Découper les Bois, l'Ivoire, l'Os, l'Ecaille et les Métaux, la Fabrication des Bois comprimés, etc., par M. S. Lacombe. 1 vol. orné de figures. 3 fr. 50

— **Serrurier**, ou Traité complet et simplifié de cet Art, traitant des Fers, des Combustibles, de l'Outillage, du Travail à l'Atelier et sur place, de la Serrurerie du Carrossage et des divers travaux de Forge, par Paulin-Désormeaux et H. Landrin. Nouvelle édition entièrement refondue par Chryssochoïdès, ingénieur des Arts et Manufactures. 1 vol. orné de 106 fig. dans le texte et accompagné d'un Atlas de 16 planches. 5 fr.

— **Service d'Incendie** dans les Villes et les Campagnes, en France et à l'Etranger, par le lieutenant-colonel

Raincourt, ancien Chef de Bataillon au Régiment des Sapeurs-Pompiers, Président d'honneur du Congrès international des Sapeurs-Pompiers en 1889, et M. Marcel Grégoire, Sous-Préfet de Pontoise. 1 vol. in-18 orné de 77 fig. dans le texte. 2 fr. 50

— **Soierie**, contenant l'art d'élever les Vers à soie et de cultiver le Mûrier, traitant de la Fabrication des Soieries, par M. Devilliers. 2 vol. et Atlas. (*En préparation*).

— **Sommelier** et **Marchand de Vins**, contenant des notions sur les Vins rouges, blancs et mousseux, leur classification par vignobles et par crus, l'Art de les déguster, la description du matériel de cave, les soins à donner aux Vins en cercles et en bouteilles, l'art de les rétablir de leurs maladies, les coupages, les moyens de reconnaître les falsifications, etc., par M. Maigne. Nouvelle édition, revue, corrigée et augmentée, par R. Brunet. 1 vol. orné de 97 figures dans le texte. 3 fr.

— **Sondeur, Puisatier et Hydroscope,** traitant de la construction des Puits ordinaires et artésiens et de la recherche des Sources et des Eaux souterraines, par M. A. Romain, 1 vol. accompagné de planches. 3 fr. 50

— **Sorcellerie Ancienne et Moderne expliquée**, ou Cours de Prestidigitation (*Epuisé*). Voir *Prestidigitation.*

— **Souffleur à la Lampe et au Chalumeau,** (Voir *Verrier*).

— **Sucre** (**Fabricant et Raffineur de**), traitant de la fabrication des Sucres indigènes et coloniaux, provenant de toutes les substances saccharifères dont l'emploi est usuel et reconnu pratique, par M. Zoéga. 1 vol. orné de planches et de figures. *(En préparation.)*

— **Taille-Douce** (Imprimeur en), par MM. Berthiaud et Boitard. (*En préparation*).

— **Tanneur, Corroyeur et Hongroyeur,** contenant le travail des Cuirs forts de la Molleterie et des Cuirs blancs, suivi de la fabrication des Courroies, d'après les méthodes perfectionnées les plus récentes, par Maigne. 2 vol. ornés de figures et accompagnés de planches. 6 fr.

— **Tapissier Décorateur,** par H. Lacroix, professeur technique. 1 vol. orné de 81 figures dans le texte. 2 fr. 50

— **Technologie physique et mécanique,** ou

Formulaire annoté à l'usage des Ingénieurs, des Architectes, des Constructeurs et des Chefs d'usines, par H. Guédy, architecte. 1 vol. 4 fr.

— **Teinture des peaux,** voyez *Chamoiseur.*

*— **Teinture moderne.** Voir page 31.

— **Teinturier, Apprêteur et Dégraisseur,** ou Art de teindre la Laine, la Soie, le Coton, le Lin, le Chanvre et les autres matières filamenteuses, ainsi que les tissus simples et mélangés, au moyen des Couleurs anciennes animales, végétales et minérales, par MM. Riffaut, Vergnaud, Julia de Fontenelle, Thillaye, Malepeyre, Ulrich et Romain. 2 vol. accompag. de planch. 7 fr.

— *Supplément,* traitant de l'emploi en Teinture des Couleurs d'Aniline et de leurs dérivés, par M. A.-M. Villon, chimiste. 1 vol. 3 fr. 50

— **Télégraphie électrique,** contenant la description des divers systèmes de Télégraphes et de Téléphones, et leurs applications au service des Chemins de fer, des Sonneries électriques et des Avertisseurs d'incendie, par Romain. 1 vol. orné de fig. et accompagné de pl. 3 fr. 50

— **Teneur de Livres,** renfermant la Tenue des Livres en partie simple et en partie double, par Trémery et A. Terrière (*Ouvrage autorisé par l'Université*), suivi de la Comptabilité agricole, par R. Brunet. 1 vol. 3 fr.

— **Terrassier** et Entrepreneur de terrassements, traitant des divers modes de transport, d'extraction et d'excavation, et contenant une description sommaire des grands travaux modernes, par Ch. Etienne, Ad. Masson et D. Casalonga. Nouvelle édit. revue et augmentée par N. Chryssochoïdès, 2 vol. ornés de 63 fig. dans le texte et accompagnés d'un atlas de 22 pl. gravées sur acier. 7 fr.

— **Théâtral (Manuel)** et du Comédien, contenant les principes de l'Art de la parole, par Aristippe Bernier de Maligny. 1 vol. (*En préparation.*)

— **Tissage mécanique.** (*En préparation.*)

— **Tissus** (Dessin et Fabrication des) façonnés, tels que Draps, Velours, Ruban, Gilet, Coutil, Châle, Passementerie, Gazes, Barèges, Tulle, Peluche, Damassé, Mousseline, etc., par M. Toustain. (*En préparation.*)

— **Tonnelier,** contenant la fabrication des Tonneaux, des Cuves, des Foudres et des autres vaisseaux en bois cerclés, suivi du *Jaugeage* des fûts de toute dimension, par P. Désormeaux, Ott et Maigne. Nouvelle édition revue et corrigée par Raymond Brunet, Ingénieur agronome. 1 vol. orné de 227 figures, 3 fr.

— **Tourneur**, ou Traité théorique et pratique de l'art du Tour, contenant la description des appareils et des procédés les plus usités pour Tourner les Bois et les Métaux, les Pierres, l'Ivoire, la Corne, l'Ecaille, la Nacre, etc. Ainsi que les notions de Forge, d'Ajustage et d'Ebénisterie indispensables au Tourneur, par E. de VALICOURT. 1 vol. grand in-8 contenant 27 planches de figures, 4e édition revue et corrigée. 15 fr.

— **Tours de cartes** (Voir *Prestidigitation*).

— **Treillageur**, *Première partie*, traitant de la fabrication à la main, par M. P. DÉSORMEAUX. 1 vol. accompagné de planches (*En préparation*).

— **Treillageur**, *Seconde partie*, traitant de l'outillage, de la fabrication à la main et à la mécanique, de la confection des Grillages, Claies, Jalousies, etc., par M. E. DARTHUY. 1 vol. avec figures et planches. 3 fr.

— **Typographie** (de). Historique. Composition. Règles orthographiques. Imposition. Travaux de ville. Journaux. Tableaux. Algèbre. Langues étrangères. Musique et plain-chant. Machines. Papier. Stéréotypie. Illustration. Par EMILE LECLERC, de la *Revue des Arts graphiques*, ancien directeur de l'Ecole professionnelle Lahure. Préface de M. PAUL BLUYSEN. 1 vol. orné de 100 figures dans le texte. 4 fr.

On vend séparément les SIGNES DE CORRECTION. 50 c.

— **Vannerie (Fabrication de la)**, Cannage et Paillage des Sièges, par A. AUDIGER. 1 volume orné de figures (*Sous presse*).

— **Vélocipédie (de)**, Locomotion, Vélocipèdes, Construction, etc., par Louis LOCKERT, ingénieur diplômé de l'Ecole centrale. 1 vol. orné de 58 fig. dans le texte. Terminé par l'Art de monter à Bicyclette, par RIVIERRE. 1 fr. 50

— **Vernis (Fabricant de)**, contenant les formules les plus usitées de vernis de toute espèce, à l'éther, à l'alcool, à l'essence, vernis gras, etc., par M. A. ROMAIN. 1 vol. orné de figures. 4 fr.

— **Verrier et Fabricant de Cristaux**, Pierres précieuses factices, Verres colorés, Yeux artificiels, par JULIA DE FONTENELLE et MALEPEYRE. Nouvelle édition entièrement refondue par BERTRAN, Ingénieur des Arts et Manufactures. 2 vol. ornés de 235 fig. dans le texte. 8 fr.

— **Vétérinaire**, contenant la connaissance des chevaux, la Description de leurs maladies, les meilleurs modes de traitement, etc., par M. LEBEAU (*En préparation*).

— **Vigneron**, ou l'Art de cultiver la Vigne, de la protéger contre les insectes qui la détruisent, et de faire le Vin, contenant les meilleures méthodes de Vinification, traitant du chauffage des Vins, etc., par THIÉBAUT DE BERNEAUD et F. MALEPEYRE. 1 vol. orné de 40 figures. Nouvelle édition, revue par R. BRUNET. 3 fr. 50

— **Vinaigrier et Moutardier**, contenant la fabrication de l'acide acétique, de l'acide pyroligneux, des acétates, et les formules de Vinaigres de table, de toilette et pharmaceutiques, l'analyse chimique de la graine de moutarde, ainsi que les meilleures recettes pour la préparation de la moutarde, par MM. J. DE FONTENELLE et F. MALEPEYRE. 1 vol. orné de figures. 3 fr. 50

— **Vins** (Calendrier des), ou instructions à exécuter mois par mois, pour conserver, améliorer ou guérir les Vins. *(Ouvrage destiné aux Garçons de caves et de celliers, et aux Maîtres de Chais, faisant suite à l'Amélioration des Liquides)*, par M. V.-F. LEBEUF. 1 vol. 1 fr. 75

— **Vins de Fruits et Boissons économiques**, contenant l'Art de fabriquer soi-même, chez soi et à peu de frais, les Vins de Fruits, les Vins de Raisins secs, le Cidre, le Poiré, les Vins de Grains, les Bières économiques et de ménage, les Boissons rafraîchissantes, les Hydromels, etc., et l'Art d'imiter avec les Fruits et les Plantes les Vins de table et de liqueur français et étrangers, par M. F. MALEPEYRE. 1 vol. 3 fr.

— **Vins mousseux** (Voyez *Eaux et Boissons gazeuses*).

— **Zingueur**, voyez *Plombier*.

INDUSTRIE, ARTS ET MÉTIERS

***Guide pratique de Teinture moderne**, suivi de l'Art du Teinturier-Dégraisseur, contenant l'étude des fibres textiles et des matières premières utilisées en Teinture, et des procédés les plus récents pour la fixation des couleurs sur laine, soie, coton, etc., par V. THOMAS, docteur ès sciences, préparateur de Chimie appliquée à la Faculté des Sciences de l'Université de Paris. 1 vol. grand in-8° raisin, orné de 133 figures dans le texte. 20 fr.

Art du Peintre, Doreur et Vernisseur, par Watin ; 14e édit., revue pour la fabrication et l'application des couleurs, par MM. Ch. et F. Bourgeois, et augmentée de l'*Art du Peintre en voitures, en marbres et en faux-bois*, par M. J. de Montigny, ingénieur. 1 vol. in-8°. 6 fr.

Calcul des essieux pour les Chemins de Fer ; Coup d'œil sur les roues de vagons, par A.-C. Benoit-Duportail, 1856. Brochure in-8°. 1 fr. 75

Cubage des Bois en grume (Tarif de), au mètre cube réel et au mètre cube marchand, par M. Ch. Blind. Brochure in-18. 75 c.

Etudes sur quelques produits naturels applicables à la *Teinture*, par Arnaudon, 1858. Br. in-8. 1 fr. 25

— **Guia** del Cultivador de Montes y de la Guarderia Rural — ó — La Silvicultura Práctica. 1 vol. in-8. 2 fr.

Incendies des matières dangereuses et explosives (Les) (dangers, précautions, moyens et appareils), *les extincteurs d'incendie*, par Daniel Pierre, ingénieur chimiste, 1 vol. in-8°, avec figures. 2 fr.

Levés à vue (Des) et du Dessin d'après nature, par Leblanc. Brochure in-18 avec planche. 25 c.

Machines-Outils (Traité des) employées dans les usines et les ateliers de construction pour le Travail des Métaux, par M. J. Chrétien, 1866. 1 volume in-8 jésus, renfermant 16 planches gravées avec soin sur acier. 12 fr.

Manipulations hydroplastiques, ou Guide du Doreur et de l'Argenteur, par M. Roseleur. 1 volume in-8°. 15 fr.

Manuel-Barême pour les Alliages d'Or et d'Argent. Ouvrage indispensable aux Fabricants Bijoutiers et Orfèvres, ainsi qu'à toutes les personnes qui s'occupent du commerce des Métaux précieux, par M. A. Mercier. 1 vol. in-8. Broché, 10 fr. Relié en toile, 11 fr. 50

Manuel de la Filature du Lin et de l'Etoupe, Application du Système métrique au Calcul du mouvement différentiel, par Delmotte. 2e *éd.*, 1878. 1 vol. in-12. 2 fr. 50

Mémoire sur l'Appareil des voûtes hélicoïdales et des voûtes biaises à double courbure, par A.-A. Souchon. 1 vol. in-4° renfermant 8 planches. 3 fr. 50

Précis des Candidats au Surnumérariat de l'Enregistrement, par Gavand, receveur des Domaines. 2 vol. gr. in-8°. 5 fr.

Tables techniques de l'Industrie du Gaz, par M. D. Magnier, ingénieur. (*En préparation.*)

Traité du Chauffage au Gaz, par Ch. Hugueny, 1857. Brochure in-8°. 1 fr. 50

Traité de la Coupe des Pierres, ou Méthode facile et abrégée pour se perfectionner dans cette science, par J.-B. De la Rue. 3e édition, revue et corrigée par M. Ramée, architecte. 1 vol. in-8° de texte, avec un Atlas de 98 planches in-folio. 20 fr.

Traité des Echafaudages, ou Choix des meilleurs modèles de charpentes, par J.-Ch. Krafft. 1 vol. in-folio relié, renfermant 51 planches gravées sur acier. 25 fr.

Usage de la Règle logarithmique, ou Règle-calcul. In-18. 25 c.

Vignole du Charpentier. 1re partie, Art du trait, contenant l'application de cet art aux principales constructions en usage dans le bâtiment, par M. Michel, maître charpentier, et M. Boutereau, professeur de géométrie appliquée aux arts. 1 vol. in-8°, avec Atlas de 72 pl. 20 fr.

OUVRAGES SUR L'HORTICULTURE

L'AGRICULTURE, L'ÉCONOMIE RURALE, ETC.

Plantes vivaces de la maison Lebeuf, ou Liste des espèces les plus intéressantes cultivées dans cet établissement, avec quelques renseignements sur leur culture, leur emploi, etc., par Godefroi-Lebeuf et Bois, 1882. 1 vol. in-18, orné de figures. 2e édition. 1 fr. 50

Les Insectes nuisibles aux arbres fruitiers. Moyens de les détruire, par A. Ramé.

1re partie : Les Lépidoptères. 1 vol. in-18, 2e édit. 1 fr. 25

Histoire du Pommier, par Duval, 1852. Brochure in-8°. 1 fr. 50

Etude sur les Sauterelles et les Criquets, moyen d'en arrêter les invasions et de les transformer en Engrais par les procédés Durand et Hauvel, brevetés s. g. d. g., 1878. Brochure in-8° de 36 pages. 75 c.

ALBUMS INDUSTRIELS

(Prière de joindre 5 0/0 en plus pour l'envoi franco)

Nouveau Roubo (*l'Art de la Menuiserie*). Atlas de 134 planches (31 × 41) accompagnées d'un fort volume de texte de plus de 740 pages, illustré de nombreuses figures et d'un grand nombre de planches. 45 fr.

Nouveau Supplément Roubo. Atlas de 108 planches (31 × 41) accompagnées d'un fort volume de texte descriptif et explicatif orné de nombreux dessins. 50 fr.

La Menuiserie Moderne, par L. Bertin. Atlas de 112 planches (32 × 42), texte explicatif illustré de nombreux dessins et devis très détaillés. 65 fr.

Supplément à la Menuiserie Moderne (*Menuiserie nouvelle et pittoresque*), par L. Bertin. 40 planches (32 × 42), dessinées à l'échelle et tirées en plusieurs couleurs, texte illustré et devis détaillés. 40 fr.

Menuiserie d'Art nouveau, par F. Barabas. 36 planches (32 × 42), dont 32 en couleurs, et texte explicatif. 30 fr.

Menuiserie d'Art contemporaine, d'après les époques Gothique, Renaissance, Louis XIII, Louis XIV, Louis XV, Louis XVI, Empire et Moderne, par E. Foussier, architecte-décorateur. 44 planches (format 32 × 42) tirées sur fond chine avec texte descriptif et explicatif. 32 fr.

Nouveau Traité théorique et pratique de l'Ébénisterie, d'après Roubo, sous la direction de J.-T. Verchère fils. 1re *partie*, Atlas de 100 planches avec texte illustré de 88 dessins et devis détaillés. 48 fr.

2e *partie*, 24 planches nouvelles complémentaires avec texte et devis. 12 fr.

Nouveau Supplément au Nouveau Traité d'Ébénisterie (Compositions nouvelles d'ameublement, par L. Bertin). Chaque planche d'ensemble est suivie d'une planche de détails au 1/4 d'exécution, avec plans et coupes au dixième. — Un album de 60 planches (30 × 40) avec texte et devis dans un carton. 50 fr.

Meubles modernes (sapin et pitchpin), par L. Bertin, dessinateur. 40 planches (32 × 42) imprimées en plusieurs couleurs, texte descriptif et devis détaillés. 40 fr.

L'Ameublement Art nouveau, par F. Barabas. 30 planches (40 × 53), avec table explicative. 35 fr.

Petit Carnet, N° 1, Meubles simples, Petit Album de poche, contenant 40 planches, représentant 67 modèles. En noir, 5 fr. — En couleur. 7 fr.

Petit Carnet, N° 5. Tentures. 60 pl. contenant 66 modèles de tentures classiques, modernes et art nouveau, en noir 7 fr. 50 ; en couleur, 12 fr.

Portefeuille pratique de l'Ebéniste parisien, Elévation, Plan, Coupe et détails nécessaires à la fabrication des Meubles, par D. Guilmard. Album in-4° de 31 planches noires. 15 fr.

Ornementation (La connaissance des Styles de l'), Histoire de l'ornement et des arts qui s'y rattachent depuis l'ère chrétienne jusqu'à nos jours, par D. Guilmard. 1 beau vol. in-4°, richement illustré et accompagné de 42 planches noires. 25 fr.

Traité théorique et pratique de Charpente, par L. Mazerolle. Atlas de 112 planches gravées (32 × 42) et deux volumes de texte descriptif et explicatif. 65 fr.

Vient de paraître : 4 planches nouvelles avec texte. Notions de perspective. 4 fr.

Supplément au Traité théorique et pratique de Charpente, par P. Mazerolle fils et A. Gaillardin, architecte. Atlas de 60 planches (31 × 41), dont quelques-unes en couleur, un volume de texte explicatif avec devis très détaillés. 35 fr.

Traité de Serrurerie et Construction en fer. Atlas de 112 planches (32 × 42), dont une partie en plusieurs couleurs, et un volume de texte descriptif et explicatif de 440 pages, illustré de nombreuses figures. 60 fr.

Supplément au Traité de Serrurerie et Construction en fer. Atlas de 68 planches (32 × 42), avec texte explicatif orné de dessins. 50 fr.

L'Architecture nouvelle (1re Série). Choix de petites constructions économiques, maisons de campagne et de plaisance, etc. — Chaque construction est donnée avec les plans, coupes, profils, détails, et complétée par les devis descriptifs et estimatifs très détaillés. 100 planches (28 × 37) tirées en plusieurs couleurs, accomp. d'un fort vol. de devis (même format que les planches). 75 fr.

L'Architecture nouvelle (2e Série). Atlas de 64 planches tirées en plusieurs couleurs (*donnant plus de 70 modèles différents*), avec plans, coupes et détails ; un texte descriptif et explicatif, avec devis très détaillés du même format que les planches, accomp. l'atlas. 55 fr.

L'Architecture nouvelle (3e Série). Constructions diverses et de style Art nouveau. 72 planches (28 × 37) tirées en plusieurs couleurs avec plans, coupes et détails, un volume des devis descriptifs et estimatifs très détaillés accompagne les planches. 60 fr.

Traité théorique et pratique de Maçonnerie et des parties qui s'y rattachent. Atlas de 40 planches en couleurs, accompagnées d'un fort volume de texte d'environ 400 pages, orné de dessins. 35 fr.

Nouveaux Modèles de Tombeaux, par R. Brandon, architecte, et E. Delrieu, dessinateur. 80 planches (28 × 37) donnant 109 modèles différents et un grand nombre de détails et motifs divers avec texte descriptif.

En noir, 45 fr. — En couleurs. 55 fr.

Traité théorique et pratique du Tapissier, par G.-Félix Lenoir. Atlas de 80 planches et un volume de texte explicatif. 50 fr.

Décoration des Appartements, 2e édition, ouvrage faisant suite au *Traité théorique et pratique du Tapissier*, par G.-Félix Lenoir. Alb. de 60 pl. (22 × 32). 40 fr.

Bois et Marbres reproduits d'après nature, texte explicatif, par E. Mulier, peintre décorateur. 40 planches (format 26 × 34) avec texte explicatif. 55 fr.

Peinture d'Art Nouveau (1re Série), par E. Mulier, peintre décorateur. 32 planches en couleurs (format 32 × 42), avec texte explicatif. 50 fr.

Peinture d'Art Nouveau (2e Série) : *Décorations Murales et Plafonds*, par E. Mulier. 40 pl. en coul. (format 32 × 43) dessinées à l'échelle, av. texte expl. 65 fr.

Peinture d'Art Nouveau (3e Série) : *Décorations Murales et Plafonds. Panneaux décoratifs. Attributs et Emblèmes*, par E. Mulier. 40 planches en couleurs (format 32 × 43), avec texte explicatif. 70 fr.

Décoration Moderne par la Plante, par E. Mulier, peintre décorateur, et Marc Bordère, peintre décorateur. 1re Série : **Fleurs.** 32 planches en couleurs (format 28 × 36), avec texte explicatif. 40 fr.

2e Série : **Fruits.** 32 planches en couleurs (format 28 × 36), avec texte explicatif. 40 fr.

Envoi sur demande des prospectus détaillés de ces diverses publications

L'AMEUBLEMENT ET LE GARDE-MEUBLE

RÉUNIS

publie 48 Planches par an, divisées en deux parties

MEUBLES — TENTURES

Il paraît tous les deux mois 4 Planches de Meubles et 4 Planches de Tentures

La catégorie Tentures contient quelques planches de *Sièges* et chacune de ses livraisons est accompagnée d'un texte descriptif et explicatif donnant les développements, tableaux d'emplois et prix de revient des modèles.

PRIX DES ABONNEMENTS ANNUELS PARTANT DE JANVIER :

	FRANCE		ÉTRANGER	
Meubles.. 24 pl	noir 14 f. ;	coul. 20 f.	noir 15 f. ;	coul. 22 f.
Tentures. 24 pl.	— 14 f. ;	— 20 f.	— 15 f. ;	— 22 f.

NOUVEAU JOURNAL

DE

MENUISERIE

48 planches par an (25 × 33) avec texte descriptif et explicatif, en 12 livraisons de 4 planches chacune tous les mois, à partir du 1er juillet 1910.

Prix pour abonnement d'un an. . . . . 12 fr.
Chaque année parue. . . . . 15 fr.

NOUVEAU JOURNAL

DE

SERRURERIE

ET DE

CONSTRUCTIONS MÉTALLIQUES

48 planches par an (25 × 33) avec texte descriptif et explicatif et le cours des fers, en 12 livraisons de 4 planches chacune tous les mois, à partir du 15 juin 1911.

Prix pour abonnement d'un an. . . . . 12 fr.
Chaque année parue. . . . . 15 fr.

NOUVEAUX PROCÉDÉS
DE
TAXIDERMIE

Accompagnés de Photographies des principaux types de la collection de l'auteur à Makri-Keui, près Constantinople, de Physionomies de Rapaces sur nature, et suivis de quelques impressions ornithologiques, par le Comte ALLEON, commandeur de l'ordre du Mérite civil de Bulgarie, chevalier de l'ordre de St-Grégoire, officier du Medjidié, membre du Comité international permanent ornithologique de Vienne, médaille d'or à l'exposition de Vienne 1883. 1 vol. in-8° jésus, 32 p. de texte, 132 fig. tirées sur papier couché. 25 fr.

BIBLIOTHÈQUE DES ARTS ET MÉTIERS

6 vol. format in-18, grand papier

1 fr. 75 le volume

Livre du Cultivateur, Guide complet de la culture des Champs, par M. Mauny de Mornay. 1837. 1 vol. accompagné de 2 planches.

Livre du Jardinier, Guide complet de la culture des Jardins fruitiers, potagers et d'agrément, par M. Mauny de Mornay. 1838. 2 vol. accompagnés de 2 planches.

Livre des Logeurs et des Traiteurs, Code complet des Aubergistes, Maîtres d'hôtel, Teneurs d'hôtel garni, Logeurs, Traiteurs, Restaurateurs, Marchands de Vin, etc., suivi de la Législation sur les Boissons. 1838. 1 vol.

Livre du Fabricant de Sucre et du Raffineur, par M. Mauny de Mornay. 1837. 1 vol. accompagné de 2 planches.

Livre du Vigneron et du Fabricant de Cidre, de Poiré, de Cormé, et autres Vins de Fruits, par M. Mauny de Mornay. 1838. 1 vol. accompagné d'une planche

---

Zoologie classique, ou Histoire naturelle du Règne animal, par M. F. A. Pouchet, ancien professeur de zoologie au Muséum d'Histoire naturelle de Rouen, etc. Seconde édition considérablement augmentée. 2 vol in-8°, contenant ensemble plus de 1,300 pages, et accompagnés d'un Atlas de 44 planches et de 5 grands tableaux.

Fig. noires. 25 fr.

Nota. *Le Conseil de l'Université a décidé que cet ouvrage serait placé dans les bibliothèques des Lycées.*

SUITES A BUFFON

Formant avec les Œuvres de cet auteur

UN

COURS COMPLET D'HISTOIRE NATURELLE

EMBRASSANT

LES TROIS RÈGNES DE LA NATURE

Belle Édition, format in-octavo

DIVISION DE L'OUVRAGE

Zoologie générale (Supplément à Buffon), ou Mémoires et Notices sur la Zoologie, l'Anthropologie et l'Histoire de la Science, par M. ISIDORE GEOFFROY-SAINT-HILAIRE. 1 vol. avec 1 livraison de planches.
Fig. noires. 13 fr.
Fig. coloriées. 21 fr.

Cétacés (Baleines, Dauphins, etc.), ou Recueil et examen des faits dont se compose l'histoire de ces animaux, par M. F. CUVIER, membre de l'Institut, professeur au Muséum d'Histoire naturelle. 1 vol. avec 2 livraisons de planches.
Fig. noires. 17 fr.
Fig. coloriées. 33 fr.

Reptiles (Serpents, Lézards, Grenouilles, Tortue, etc.), par M. DUMÉRIL, membre de l'Institut, professeur à la Faculté de Médecine et au Muséum d'Histoire naturelle, et M. BIBRON, professeur d'Histoire naturelle. 10 vol. et 10 livraisons de planches.
Fig. noires. 130 fr.
Fig. coloriées. 210 fr.

Poissons, par M. A.-Aug. DUMÉRIL, professeur au Muséum d'Histoire naturelle, professeur agrégé libre à la Faculté de Médecine de Paris. Tomes I et II (en 3 volumes) avec 2 livraisons de planches. (*En publication*).
Fig. noires. 34 fr.
Fig. coloriées. 50 fr.

Entomologie (Introduction à l'), comprenant les principes généraux de l'Anatomie, de la Physiologie des Insectes ; des détails sur leurs mœurs, et un résumé des principaux systèmes de classification, etc., par M. LACORDAIRE, professeur à l'Université de Liège. (*Ouvrage adopté et recommandé par l'Université pour être placé dans les bibliothèques des Facultés et des Colléges, et donné en prix aux élèves*). 2 vol. et 2 livraisons de planches.
Fig. noires. 25 fr.
Fig. coloriées. 40 fr.

Insectes Coléoptères (Cantharides, Charançons, Hannetons, Scarabées, etc.) par M. LACORDAIRE, professeur à l'Université de Liège, et M. le Dr CHAPUIS, membre de l'Académie royale de Belgique. 14 vol. avec 13 livraisons de planches.
Fig. noires. 170 fr.
(*Manque de coloris*).

— **Orthoptères** (Grillons, Criquets, Sauterelles), par M. AUDINET-SERVILLE, membre de la Société entomologique de France. 1 vol. et 1 livraison de pl.
Fig. noires. 13 fr.

— **Hémiptères** (Cigales, Punaises, Cochenilles, etc.) par MM. AMYOT et SERVILLE. 1 vol. et 1 livraison de planches.
Fig. noires. 13 fr.

Insectes Lépidoptères (Papillons). *Les deux parties de cet ouvrage se vendent séparément.*

— DIURNES, par M. BOISDUVAL, tome Ier, avec 2 livraisons de planches. (*En publication*).
Fig. noires. 17 fr.

— NOCTURNES, par MM. BOISDUVAL et GUÉNÉE, tome Ier, avec 1 livraison de planches, tomes V à X, avec 5 livraisons de planches. (*En publication*).
Fig. noires. 90 fr.
Fig. coloriées 125 fr.

— **Névroptères**, par M. le Dr RAMBUR. (*Epuisé*).

— **Hyménoptères** (Abeilles, Guêpes, Fourmis, etc.), par M. le comte LEPELLETIER DE SAINT-FARGEAU et M. BRULLÉ. 4 vol. avec 4 livraisons de planches.
Fig. noires. 50 fr.
Fig. coloriées. 90 fr.

— **Diptères**, par M. MACQUART (*Epuisé*).

— **Aptères** (Araignées, Scorpions, etc.), par MM. WALCKENAER et GERVAIS. 4 vol. avec 5 livraisons de planches.
Fig. noires. 54 fr.

Crustacés (Ecrevisses, Homards, Crabes, etc.), comprenant l'Anatomie, la Physiologie et la classification de ces animaux, par M. MILNE-EDWARDS, membre de l'Institut, professeur au Muséum d'Histoire naturelle, etc. 3 vol. avec 4 livraisons de planches.
Fig. noires. 42 fr.

Helminthes ou Vers intestinaux, par M. DUJARDIN, doyen de la Faculté des Sciences de Rennes. 1 vol. avec 1 livraison de planches
Fig. noires. 13 fr.

Annelés marins et d'eau douce (Annélides, Géphyriens, Sangsues, Lombrics, etc.), par M. DE QUATREFAGES, membre de l'Institut, professeur au Muséum d'Histoire naturelle, et M. Léon VAILLANT, professeur au Muséum d'Histoire naturelle. Tomes I et II (en 3 vol.) avec 2 livraisons de planches.

Fig noires. 32 fr.
Tome III (en 2 vol.) avec 1 livraison de planches.
Fig. noires. 22 fr.

Zoophytes Acalèphes (Physales, Béroés, Angèles, etc.), par M. LESSON, correspondant de l'Institut, pharmacien en chef de la Marine, à Rochefort. 1 vol. avec 1 livraison de pl.
Fig. noires. 13 fr.

— **Echinodermes** (Oursins, Palmettes, etc.), par MM. DUJARDIN, doyen de la Faculté des Sciences de Rennes, et HUPÉ, aide-naturaliste au Muséum de Paris. 1 vol. avec 1 livraison de planches.
Fig. noires. 13 fr.
Fig. coloriées. 21 fr.

— **Coralliaires** ou POLYPES PROPREMENT DITS (Coraux, Gorgones, Eponges, etc.), par MM. MILNE-EDWARDS, membre de l'Institut, professeur au Muséum d'Histoire naturelle, et J. HAIME, aide-naturaliste au Muséum d'Histoire naturelle. 3 vol. avec 3 livraisons de pl.
Fig. noires. 37 fr.

Zoophytes Infusoires, par M. DUJARDIN (*Epuisé*).

Botanique (Introduction a l'étude de la), ou Traité élémentaire de cette science, contenant l'Organographie, la Physiologie, etc., par M. DE CANDOLLE, professeur d'Histoire naturelle à Genève. (*Ouvrage autorisé par l'Université pour les Lycées et les Collèges*). 2 vol. et 1 livraison de planches noires. 22 fr.
Les planches ne sont pas coloriées.

Végétaux phanérogames (Organes sexuels apparents : Arbres, Arbrisseaux, Plantes d'agrément, etc.), par M. SPACH, aide-naturaliste au Muséum d'Histoire naturelle. 14 vol. avec 15 livraisons de pl.
Fig. noires. 180 fr.
Fig. coloriées. 300 fr.

Géologie (Histoire, Formation et Disposition des Matériaux qui composent l'écorce du globe terrestre), par M. HUOT, membre de plusieurs sociétés savantes. 2 vol. ensemble de plus de 1,500 pages, avec 2 livraisons de pl. noires. 26 fr.
Les planches ne sont pas coloriées.

Minéralogie (Pierres, Sels, Métaux, etc.), par M. DELAFOSSE, membre de l'Institut, professeur au Muséum d'Histoire naturelle et à la Sorbonne. 3 vol. et 4 livraisons de planches noires. 43 fr.
Les planches ne sont pas coloriées.

PETITES SUITES A BUFFON

Format in-18

Histoire des Poissons classée par ordre, genres et espèces, d'après le système de Linné, avec les caractères génériques, par BLOCH et RÉNÉ-RICHARD CASTEL. 10 vol. accompagnés de 160 planches représentant 600 espèces de poissons dessinés d'après nature.
Fig. noires. 26 fr.

Histoire des Reptiles, par MM. SONNINI, naturaliste, et LATREILLE, membre de l'Institut. 4 vol. accompagnés de 54 planches, représentant environ 150 espèces différentes de serpents, vipères, couleuvres, lézards grenouilles, tortues, etc., dessinées d'après nature.
Fig. noires. 10 fr.

Histoire des Coquilles, contenant leur description, leurs mœurs et leurs usages, par M. Bosc, membre de l'Institut. 5 vol. accompagnés de planches.
Fig. noires. 10 fr. 50

Histoire naturelle des Végétaux classés par familles, avec la citation de la classe et de l'ordre de Linné, et l'indication de l'usage qu'on peut faire des plantes dans les arts, le commerce, l'agriculture, le jardinage, la médecine, etc.; des figures dessinées d'après nature, et un GENERA complet, selon le système de Linné, avec des renvois aux familles naturelles de Jussieu, par J.-B. LAMARCK et C.-F.-B. DE MIRBEL. 15 vol. in-18 accompagnés de 120 planches.
Fig. coloriées. 46 fr.

Histoire naturelle des Vers, par M. Bosc, membre de l'Institut. 3 vol.
Fig. noires. 6 fr. 50

Histoire des Insectes, composée d'après RÉAUMUR, GEOFFROY, DE GEER, ROESEL, LINNÉ, FABRICIUS, et les meilleurs ouvrages qui ont paru sur cette partie, rédigée suivant les méthodes d'Olivier, de Latreille, avec des notes, plusieurs observations nouvelles et des figures dessinées d'après nature, par F.-M.-G. DE TIGNY et BRONGNIART, pour les généralités. Edition augmentée par M. GUÉRIN. 10 vol. ornés de planches. Fig. noires. 23 fr.

Histoire des Crustacés, contenant leur description, leurs mœurs et leurs usages, par MM. Bosc et DESMAREST. 2 vol. accompagnés de 18 planches.
Fig. noires. 7 fr. 50

OUVRAGES DIVERS D'HISTOIRE NATURELLE

Arachnides (Les) de France, par M. E. Simon, membre de la Société entomologique de France.

Tome 1er, contenant les Familles des Epeiridæ, Uloboridæ, Dictynidæ, Enyoidæ et Pholcidæ. 1 vol. in-8°, accompagné de 3 planches. 12 fr.

Tome 2, contenant les Familles des Urocteidæ, Agelenidæ, Thomisidæ et Sparassidæ. 1 vol. in-8°, accompagné de 7 planches. 12 fr.

Tome 3, contenant les Familles des Attidæ, Oxyopidæ et Lycosidæ. 1 vol. in-8°, accompagné de 4 planches. 12 fr.

Tome 4, contenant la Famille des Drassidæ. 1 vol. in-8°, accompagné de 5 planches. 12 fr.

Tome 5 (1re partie), contenant la Famille des Epeiridæ (supplément) et des Theridionidæ. 1 vol. in-8°, accompagné de planches. 12 fr.

Tome 5 (2e partie), contenant la Famille des Theridionidæ (suite). 1 vol. in-8°, accompagné de planches et orné de figures. 12 fr.

Tome 5 (3e partie), contenant la Famille des Theridionidæ (fin). 1 vol. in-8°, accompagné de planches et orné de figures. 12 fr.

Tome 6. (*En préparation.*)

Tome 7, contenant les Familles des Chernetes, Scorpiones et Opiliones. 1 vol. in-8°, accompagné de planches. 12 fr.

Histoire naturelle des Araignées, par M. Eug. Simon, *Deuxième édition.*

Tome premier, *1er fascicule* contenant 215 figures intercalées dans le texte. 1 vol. grand in-8° de 256 pages. 6 fr.

Tome premier, *2e fascicule* contenant 275 figures intercalées dans le texte. 1 vol. grand in-8°. 6 fr.

Tome premier, *3e fascicule* contenant 347 figures intercalées dans le texte. 1 vol. grand in-8°. 6 fr.

Tome premier, *4e et dernier fascicule* (du tome 1er), contenant 261 figures 1 vol. grand in-8°. 6 fr.

Tome second, *1er fascicule* contenant 200 figures intercalées dans le texte. 1 vol. grand in-8°. 6 fr.

Tome second, *2e fascicule* contenant 184 figures intercalées dans le texte. 1 vol. grand in-8. 6 fr.

Tome second, *3e fascicule* contenant 407 figures. 6 fr.

Tome second, *4e et dernier fascicule* contenant 329 figures. 6 fr.

Catalogue des espèces actuellement connues de la famille des Trochilides, par EUGÈNE SIMON, brochure in-8°. 3 fr.

Voyage de découverte autour du Monde et à la recherche de La Pérouse, par J. DUMONT D'URVILLE, capitaine de vaisseau, exécuté sous son commandement et par ordre du gouvernement, sur la corvette l'*Astrolabe*, pendant les années 1826 à 1829. 5 tomes divisés en 10 volumes in-8 ornés de vignettes sur bois, avec un Atlas contenant 20 planches ou cartes grand in-folio. 30 fr.

Cet important ouvrage, qui a été exécuté par ordre du gouvernement sous le commandement de M. Dumont d'Urville et rédigé par lui, n'a rien de commun avec le *Voyage pittoresque* publié sous sa direction.

OUVRAGES D'ASSORTIMENT

Aranéides des îles de la Réunion, Maurice et Madagascar, par M. Aug. VINSON. 1 gros volume in-8, illustré de 14 planches.

Fig. noires. 20 fr.

Astronomie des Demoiselles, ou Entretiens entre un frère et sa sœur, sur la mécanique céleste, par James FERGUSSON et M. QUÉTRIN. 1 vol. in-12. 3 fr. 50

Choix des plus belles fleurs et des plus beaux fruits, par P.-J. REDOUTÉ, peintre d'histoire naturelle.

80 planches différentes coloriées. Chaque pl. 1 fr.

Collection iconographique et historique des Chenilles d'Europe, ou Description et figures de ces Chenilles, avec l'histoire de leurs métamorphoses, et leur application à l'agriculture, par MM. BOISDUVAL, RAMBUR et GRASLIN.

Cette collection se compose de 42 livraisons, format grand in-8, papier vélin : chaque livraison comprend *trois planches coloriées* et le texte correspondant.

Les 42 livraisons réunies (la pl. I des Papillonides n'a jamais existé) : 100 fr.

Cours d'agriculture, de viticulture et de jardinage, par Mathieu RISLER (1849). 1 vol. in-12. 2 fr.

Fauna japonica, sive Descriptio animalium quæ in itinere per Japoniam jussu et auspiciis superiorum, qui summum in India Batava imperium tenent, suscepto anni 1823-1830, collegit, notis, observationibus et adumbrationibus illustravit PH. FR. DE SIEBOLD.

Reptiles, 3 livraisons noires. Ensemble 25 fr.

Faune de l'Océanie, par M. le docteur BOISDUVAL. 1 gros vol. in-8, imprimé sur grand papier. 10 fr.

Faune entomologique de Madagascar, Bourbon et Maurice. — *Lépidoptères*, par le docteur BOISDUVAL ; avec des notes sur leurs métamorphoses, par M. SGANZIN.

Huit livraisons, format grand in-8, papier vélin.

Planches noires. 10 fr.

Icones historique des Lépidoptères nouveaux ou peu connus, collection, avec figures coloriées, des papillons d'Europe nouvellement découverts, par M. le docteur BOISDUVAL. Ouvrage formant le complément de tous les auteurs iconographes. Cet ouvrage se compose de 42 livraisons grand in-8, comprenant chacune *deux planches coloriées* et le texte correspondant.

Les 42 livraisons réunies. Coloriées. 100 fr.

Noires. 25 fr.

Nota. — Tome 2. Le texte s'arrête page 208. Toutes les fig. des planches 48 à 70 inclusivement sont décrites.

Les fig. des planches 71 à la fin ne sont pas décrites.

Manuel des Candidats à l'emploi de Vérificateur des Poids et Mesures, par RAVON. 2e éd., 1841. 1 vol. in-8. 5 fr.

Manuel des Sociétés de secours mutuels. Une brochure in-12. 1854. 0 fr. 50

Mémoires de la Société royale des Sciences de Liège. Première série, 1843 à 1866, 20 vol. à 7 fr.

Deuxième série, 1866 à 1887, 13 vol. à 7 fr.

Ministre (Le) de Wakefield, traduit en français par M. AIGNAN. 1 vol. in-12, avec figures. 1 fr.

Monographie des Erotyliens, famille de l'ordre des Coléoptères, par M. TH. LACORDAIRE. In-8. 9 fr.

Théorie élémentaire de la Botanique, ou Exposition des principes de la classification naturelle et de l'art de décrire et d'étudier les végétaux, par M. DE CANDOLLE. 3e édition, 1 vol. in-8. 8 fr.

DÉPOT DES OUVRAGES

PUBLIÉS PAR LA

LIBRAIRIE FÉRET & FILS

DE BORDEAUX

Andrieu (P.). — Le Sucrage des Vendanges. Les vins de première cuvée avec chaptalisation des moûts. Les vins de sucre avec corrections dans leur composition. 1903, in-8, broché. 1 fr. 50

— Nouvelle méthode de vinification de la vendange par sulfitage et levurage. 1903, in-8, br. 0 fr. 60

— 1904, in-8°, br. 0 fr. 60

— 1905, in-8°, br. 0 fr. 60

— 1906, in-8°, br. 0 fr. 60

— 1907, in-8°, br. 0 fr. 60

— 1908, in-8°, br. 0 fr. 60

— 1909, in-8°, br. 0 fr. 60

— 1910, in-8°, br. 0 fr. 60

— 1911, in-8°, br. 0 fr. 60

— Les Caves de réserve pour les vins ordinaires, 1904, in-8°, br. 0 fr. 75

Audebert. — La lutte contre l'Eudémis Botrana, la Cochylis et l'Altise. Bordeaux, 1902. 0 fr. 50

Audebert II (Tristan). — La chasse à la palombe dans le Bazadais, 1907, in-18 avec planches. 3 fr.

Baco (F.). — La reconstitution du vignoble dans les Landes et les Basses-Pyrénées par le greffage. 1905. in-18, 1 fr. 50; franco, 2 fr.

— Culture directe et greffage de la Vigne. 1911, in-8° orné de 14 planches et 2 tableaux. 5 fr. 25

Barbe. — De l'élevage du cheval dans le sud-ouest de la France et principalement dans la Gironde et les Landes, et de son hygiène. Hygiène des animaux en général et de leurs habitations. 1903, 1 vol. in-8, br. 6 fr.

Batz-Trenquelléon (Ch. de). — Le vrai baron de Batz, rectifications historiques d'après des documents inédits. 1908, in-8. 2 fr.

Bellot des Minières. — Manuel pratique pour les traitements contre toutes les maladies cryptogamiques, à l'aide de l'ammoniure de cuivre en vases hermétiques, b. s. g. d. g. 1902, gr. in-8. 0 fr. 50

— La question viticole. 1902, gr. in-8. 1 fr. 50

Berniard. — L'Algérie et ses vins :

1re partie : prov. d'Oran. Ouv. illustré et accompagné d'une carte vinicole de la province d'Oran. 1888, in-18. 3 fr.

2e partie : prov. d'Alger. Ouv. illustré et accomp. d'une carte vinicole de cette province. Bordeaux, 1890, in-18. 3 fr.

3e partie : prov. de Constantine. Ouv. illustré et accompagné d'une carte vinicole de cette prov. 1892, in-18. 3 fr.

Bertin-Roulleau (P.). — La fin des Girondins, sept. 1793-juin 1794. 1911, in-18 avec gravures. 3 fr. 50

Bitterolff. — Nouveau système astronomique. Lois nouvelles de la gravitation universelle. 1902, in-18. 5 fr.

Blarez (Dr). — Cours de chimie organique (programme aide-mémoire des leçons), in-18. 3 fr.

Bontou (A.). — Traité de cuisine bourgeoise bordelaise, 1910, 1 gros vol. in-18 jés., cartonné 3 fr.

Boué (L.). — A travers l'Europe. Impressions poétiques, ornées de 101 compositions dues à 60 artistes de Paris ou de Bordeaux, avec préface de Th. Froment, in-folio de luxe tiré à 625 exempl., dont 25 exempl. sur Japon. Prix sur vélin, 30 fr.; relié toile genre amateur, 37 fr.; sur Japon. 100 fr.

Capus (J.), — Traitement des maladies de la vigne, 1910, petit in-8. 0 fr. 50

Capus et Feytaud — Eudémis et cochylis, mœurs et traitements, 1909, in 18. 1 fr.

Carles (Dr P.). — Etude chimique et hygiénique du vin en général et du vin de Bordeaux en particulier. 1880, in-8. 3 fr.

— Bouquet naturel des vins et eaux-de-vie. 1897, 1 fr.

— Le vin, le vermouth, les apéritifs et le froid, 3e éd. 1909, in-8. 1 fr.

— Le pain des diabétiques, in-8. 0 fr. 50

— L'acide sulfureux en œnologie et en œnotechnie. Bordeaux, 1905. 1 fr.

— Les vins de Graves de la Gironde, vinification et conservation, 1907, in-8. 0 fr. 60

— Le vin et les Eaux-de-vie de France, 2e édition, 1908. in-8. 0 fr. 40

— Les trépidations et les vins, les vins retour de l'Inde, vieillissement mécanique des vins et cognacs, 1909. 1 fr.

Carrère (H). — Scènes et saynètes. Lettre préface de Jacques Normand, in-12. 3 fr. 50
(Ouvrages pour les familles et les pensions).

Chavée-Leroy. — La fermentation, Etude mise à la portée des viticulteurs, 1893, in-8o. 1 fr. 25

Daniel (L.). — La question phylloxérique, — Le greffage et la crise viticole, préface de M. Gaston Bonnier, membre de l'Institut. 1908, fascicule 1er, gr. in-8°, 184 p., orné de 81 dessins en noir et 1 pl. hors texte en coul. 6 fr.

— — fascicule 2, 1910, gr. in-8, 87 p., orné de 73 dessins en noir et 1 pl. hors texte en couleurs. 6 fr.

Daurel (J.). — Album des raisins de cuve de la Gironde et de la région du S.-O., avec leur description et leur synonymie, avec 15 gr. color. gr. nat., 5 gr. en phototyp Bordeaux, 1892, in-4, br. 7 fr.

(Publication de luxe couronnée par la Société des Agriculteurs de France).

Dezeimeris (R). — D'une cause de dépérissement de la vigne et des moyens d'y porter remède, 5e édition, Bordeaux, 1891, in-8, br. 82 p. et 4 pl. hors texte. 2 fr. 50

Denigès (Dr G.). — Exposé élémentaire des principes fondamentaux de la théorie atomique ; 2e édition, 1895, in-8, 120 p. 3 fr. 50.

Féret (Ed.). — **Annuaire du Tout Sud-Ouest** illustré, 1904. Bordeaux, 1 gros vol. petit in-8°, 1,300 p., illustré, par Marcel de Fonrémis, de vues de châteaux, portraits, etc., cartonné toile. 9 fr.

Reliure de luxe. 12 fr.

Féret. — Annuaire du Tout Sud-Ouest illustré, 1905-1906, 1,520 pages, cart. toile. 9 fr.

Reliure de luxe. 12 fr.

Féret (Ed.). — **Bordeaux et ses vins** classés par ordre de mérite, 8e édition. Bordeaux, 1908, in-12 br., avec 700 vues de châteaux et 10 cart. vinic. 9 fr.

Le même relié toile anglaise. 10 fr.

Le même sans les cartes br. 7 fr.

— Bordeaux and its Wines classed by order of merit 3d english edition, translated from the 7d french édition by M. Ravenscroft, illustrated by Eug. Vergez. 10 fr.

Le même relié toile. 11 fr. 50

— Bordeaux und Seine Weine, trad. sur la 6e édition française par Paul Wend. Bordeaux et Stettin, 1893, in-12, br., 851 p. enrichie de 400 vues de châteaux. 12 fr. 50

Le même relié. 15 fr.

— Album des grands crus classés du Médoc syndiqués, 1908, in-8. 1 fr. 25

— Les vins de Médoc, avec ill. d'Eug. Vergez et 4 cartes, in-18 j., 260 p. 3 fr.

— Les vins de Graves rouges et blancs, avec ill. d'Eug. Vergez et cartes, in-18 j., 146 p. 2 fr.

— Le pays de Sauternes et les vins blancs de Podensac et de Langon, avec ill. et cartes. 2 fr.

— Saint-Emilion et ses vins et les principaux vins de

l'arrondissement de Libourne, avec illust., et cartes vinicoles, in-18 j., 264 p. 3 fr.

— Les vins du Cubzadais, du Bourgeais et du Blayais, avec ill. et cartes. 2 fr.

— Les vins de l'Entre-Deux-Mers, avec ill. et cart. 3 fr.

Ces ouvrages sont tirés de la 8e éd. de *Bordeaux et ses vins*.

— Caractère des récoltes de 1795 à nos jours. Bordeaux, 1898, 16 p. et une carte vinicole de la Gironde. 0 fr. 75

Le même en anglais. 0 fr. 75

— Carnet de statistique du négociant en vins, destiné à recevoir des notes sur 2,000 crus de la Gironde. Bordeaux, 1894, in-12, toile. 2 fr.

— Bordeaux et ses monuments, in-8, br., 90 p., 2 plans et 31 gr. 2 fr.

Feret (Ed.). — Dictionnaire Manuel du maître de chai et du négociant en vins, guide utile à quiconque veut vendre ou manipuler des vins et des spiritueux. 1 vol. in-18, ill. Bordeaux, 1898, 6 fr., cart. 7 fr.

— Le même ne contenant que les articles utiles au maître de chai 3 fr. 50, cart. 4 fr. 50

— Bergerac et ses vins et les principaux crus du département de la Dordogne. 1 vol. in-18 jésus illustré, 3 fr. 50 cart. 5 fr.

Carte vinicole du Médoc et de l'arrondissement de Blaye, extraite de la carte de la Gironde au 1/160000; 1 feuille gr. colombier, tirée en trois couleurs. 3 fr.

La même sur toile pleine. 4 fr. 50

Nouvelle carte routière et vinicole de la Gironde à l'échelle de 1/160000, dressée par Félix Feret pour accompagner l'ouvrage *Bordeaux et ses vins*; 1 feuille gr.-aigle, imprim. en trois couleurs et color. par contrées vinicoles (1893). 6 fr.

La même, collée sur toile, pliée, cartonnée. 10 fr.

La même collée sur toile vernie, montée avec gorge et rouleau. 14 fr.

— Statistique générale du départt de la Gironde, 3 tomes en 4 vol. gr. in-8; prix pour les souscripteurs. 52 fr.

Le tome I : Partie topographique, scientique, agricole, industrielle, commerciale et administrative; 1 vol. gr. in-8 de 1,000 p. est en vente au prix de 16 fr.

Le tome II : Partie agricole et viticole; 1 vol. gr.-8, avec supplément 1,100 p., orné de 300 gr. est à peu près épuisé; ce volume ne se vend qu'avec le t. I au prix de 36 francs les deux vol.

Le tome III : 1re partie, bibliographie ; 1 vol. gr. in-8, br., 628 p., est en vente au prix de 10 fr.

2e partie, archéologique ; 1 vol. gr. in-8, br., d'environ 500 p., orné d'illustrations de MM. Léo Drouyn, Vergez, etc. (sous presse).

— Supplément à la statistique générale de la Gironde (part. vinic.). Bordeaux, 1880, in-8, 169 p. avec 50 vues. 4 fr.

Gautier (Paul). — Au fil du rêve, poésies, 1905. in-18, 120 p. 3 fr.

Gayon. — Etude sur les appareils de pasteurisation des vins en bouteilles et en fûts, avec vignettes ; in-8, 1895. 2 fr.

— Expériences sur la pasteurisation des vins de la Gironde. Bordeaux, 1895, in-8, 59 p. 1 fr. 25

Gayon, Blarez et Dubourg. — Analyse chimique des vins rouges du département de la Gironde, récolte de 1887. Bordeaux, 1888, in-8. br., 47 p. 1 fr. 50

— Analyse chimique des vins du département de la Gironde, récolte de 1888. 1889, in-8, br., 31 p. 1 fr. 50

Gébelin. — Eléments de géographie. Nouvelle édition par M. Marion.

Europe (moins la France). 1900, in-18. 2 fr.

France et colonies françaises. 1899, in-18. 2 fr.

La Terre, l'Amérique. 1899, in-18. 1 fr. 50

Asie, Afrique, Océanie. in-18. 1 fr. 50

Grandjean. — Le baron de Charlevoix-Villiers et la fixation des Dunes, in-8. 1 fr.

Guillaud (Dr J.-A.). — Flore de Bordeaux et du Sud-Ouest, analyse et description sommaire des plantes sauvages et généralement cultivées dans cette région ; Phanérogames, 326 p., br. 4 fr. 50 ; cartonné 5 fr. 50

Guillon (J.-M.), dir. de la station viticole de Cognac. — Notes sur la reconstitution du vignoble, avec fig., 1900, gr. in-8. 1 fr. 25

Hugo d'Alési. — Panorama de Bordeaux, fac-simile d'aquarelle sur bristol. 6 fr.

Huyard (E.). — Le port de Bordeaux, sa situation actuelle, son avenir, son hinterland, avec une préface de M. Ch. Chaumet, député de la Gironde, 1910, in-8° avec plans, figures. 5 fr.

Juhel-Rénoy. — Conseils sur la fabrication et la conservation du cidre. 1897, in-18, 60 p. 1 fr. 25

Kehrig (H.). — La cochylis. Des moyens de la combattre. 3e éd., 1893, in-8, 2 pl. 2 fr. 50

— L'Eudémis. Les moyens proposés pour la combattre. 1907. 0 fr. 50

— Le vin chez le consommateur. Conseils pratiques, 4e éd., in-18, 12 p. 0 fr. 25

— Le soutirage des vins, 2e édition. 1907. 0 fr. 50

— Le privilège des vins à Bordeaux jusqu'en 1889, suivi d'un appendice comprenant le Ban des Vendanges, des Courtiers, de Taverniers; prix payés pour les vins du XIIe au XVIIIe siècle, tableau de l'exploitation des vignes en 1825. Ouvrage couronné par l'Académie des sciences, belles-lettres et arts de Bordeaux. 1886, gr. in-8, 116 p. 2 fr. 50

— Les temps nouveaux pour le vin, 1910, petit in-8. 2 fr. 50

— L'oiseau et les récoltes, 1911, in-18 avec 22 figures dont 8 hors texte et une reproduction en noir de l'aquarelle du peintre hongrois F. Koszkol : *l'Agriculture et l'oiseau*, br. 1 fr. 50

Labat (Gustave). — Gustave de Galard, sa vie et son œuvre (1779-1841); in-4°, orné de 4 pl. hors texte, dessins inédits du maître. 1896, in-4. 15 fr.

Laborde (J.). — Cours d'Œnologie. Tome I. Maturation du raisin. Fermentation alcoolique. Vinification des raisins rouges et blancs, avec préface de V. Gayon. 1908, 1 vol. gr. in-8°, avec 55 fig. et 1 planche hors texte. 5 fr.

Lapierre (A.). — Plan de la ville de Bordeaux avec les lignes de tramways et omnibus, à l'échelle du 1/10000, dressé par A. Lapierre. 1 fr. 50

Le même, colorié. 2 fr. 50

Laurianne (Comtesse de). — Comment rester jeune ? In-18. 1 fr. 25

Lemaignan. — Utilisation des marcs de raisin pour fabriquer d'excellentes piquettes, pour nourrir le bétail et comme engrais. 1906, gr. in-8°. 0 fr. 25

Loquin (Anatole). — Le Masque de fer et le livre de M. Funck-Brentano. Bordeaux, 1898, in-8. 0 fr. 60

— Le Prisonnier masqué de la Bastille. Son histoire authentique. Bordeaux, 1900, in-12. 3 fr. 50

Malzevin (P.). — Etudes sur la viti-viniculture, 1905, gr. in-8°. 4 fr.

Mathé (E.). — De Bordeaux à Paris par la Chine, le Japon et l'Amérique. 1907, 1 vol. in-18 orné de figures. 4 fr.

Matignon (J. J.). — Le siège de la légation de France (Pékin, du 15 juin au 15 août 1900). Conférences faites à Bordeaux, in-8. 1 fr. 50

Méric (G.). — Le black-rot. Tableau donnant grandeur nature en chromo, feuilles et grains atteints par le black-rot, avec texte explicatif. 0 fr. 75

Montaigne (Michel de). — Nouvelle édition publiée

par MM. H. Barckhausen et R. Dezeimeris, contenant la reproduction de la 1re édition, avec les variantes des 2e et 3e éditions; 2 vol. in-8, édition de luxe (Publication de la Société des Bibliophiles de Guyenne). 15 fr.

Pabon (Louis). — Dictionnaire des usages commerciaux et maritimes de la place de Bordeaux et des places voisines. Bordeaux, 1888, in-8, br., 214 p. 3 fr. 50

Panajou (F.). — Barèges et ses env. 1904, 1 vol. in-12, 110 p., 80 phot., 2 pan. h. t., 1 c. de la rég., br. 2 fr. 25

Perceval (Emile de). — Le président Emérigon et ses amis (1795-1847), in-8. 10 fr.

Poignant (M.-P.). — Coefficient économique des machines à vapeur en raison de la détente du cylindre et de la formule $\frac{t - to}{t}$ Surchauffe de la vapeur. 1902, in-8. 1 fr. 50

Rocca (Jean de la). — Au Soleil de la vie (poèmes à dire), 1911, in-18, br. 2 fr. 50

Rouhet. — De l'entraînement complet et expérimental de l'homme, avec étude sur la voix articulée, suivi de recherches physiologiques et pratiques sur le cheval, gr. in-8, illustré. 10 fr.

— L'Equitation; gr. in-8 illustré. 3 fr. 50

Salvat. — Le pin maritime, sa culture, ses productions. Bordeaux, 1891, in-12, br., 39 p. 1 fr.

Schewaebel (J.). — Au bord de la vie, vers, 1909, in-12 3 fr.

Sud-Ouest navigable (1er Congrès du), tenu à Bordeaux les 12, 13 et 14 juin 1902. Compte rendu des travaux. 1902, gr. in-8. 5 fr.

Usages locaux du département de la Gironde publiés suivant la délibération du Conseil général, 2e éd. revue et augmentée. 1900, in-12. 2 fr. 50

Vassillière, Charvet et Gayon. — Appareils à pasteuriser les vins. 1897, in-8o. 6 fr.

Viard (E.). — Etude sur les vins au point de vue de leur action sur l'organisme. 1904, gr. in-8. 1 fr.

Vourch (A), Docteur en médecine. — La Foi qui guérit. Etude médicale sur quelques cas de guérisons de Lourdes, 1911, in-18. 2 fr. 50

Ajouter 10 0/0 du prix de l'ouvrage pour l'envoi franco, plus 25 centimes de recommandation pour l'Etranger.

BAR-SUR-SEINE. — IMP. Ve C. SAILLARD.

ENCYCLOPÉDIE-RORET

COLLECTION

DES

MANUELS-RORET

FORMANT UNE

ENCYCLOPÉDIE DES SCIENCES ET DES ARTS

FORMAT IN-18

Par une réunion de Savants et d'Industriels

Tous les Traités se vendent séparément.

La plupart des volumes, de 300 à 400 pages, renferment des planches parfaitement dessinées et gravées, et des vignettes intercalées dans le texte.

Les Manuels épuisés sont revus avec soin et mis au niveau de la Science à chaque édition. Aucun Manuel n'est cliché, afin de permettre d'y introduire les modifications et les additions indispensables.

Cette mesure, qui met l'Editeur dans la nécessité de renouveler à chaque édition les frais de composition typographique, doit empêcher le Public de comparer le prix des *Manuels-Roret* avec celui des autres ouvrages, tirés sur cliché à chaque édition, et ne bénéficiant d'aucune amélioration.

Pour recevoir chaque volume franc de port, on joindra, à la lettre de demande, un mandat sur la poste (de préférence aux timbres-poste) équivalant au prix porté au Catalogue.

Cette franchise de port ne concerne que la **Collection des Manuels-Roret** et n'est applicable qu'à la France et à l'Algérie. Les volumes expédiés à l'Etranger seront grevés des frais de poste établis d'après les conventions internationales.

Bar-sur-Seine. — Imp. Ve C. Saillard.

www.ingramcontent.com/pod-product-compliance
Ingram Content Group UK Ltd.
Pitfield, Milton Keynes, MK11 3LW, UK
UKHW020355230726
13925UKWH00003B/1125

9 782019 273804